SINICÆ RES

LE JAPON

ET

LES SUITES

DE

LA GUERRE RUSSO-JAPONAISE

PAR

le Général CHANOINE

PARIS

LIBRAIRIE MILITAIRE R. CHAPELOT et Cie

IMPRIMEURS-ÉDITEURS

30, Rue et Passage Dauphine, 30

1907

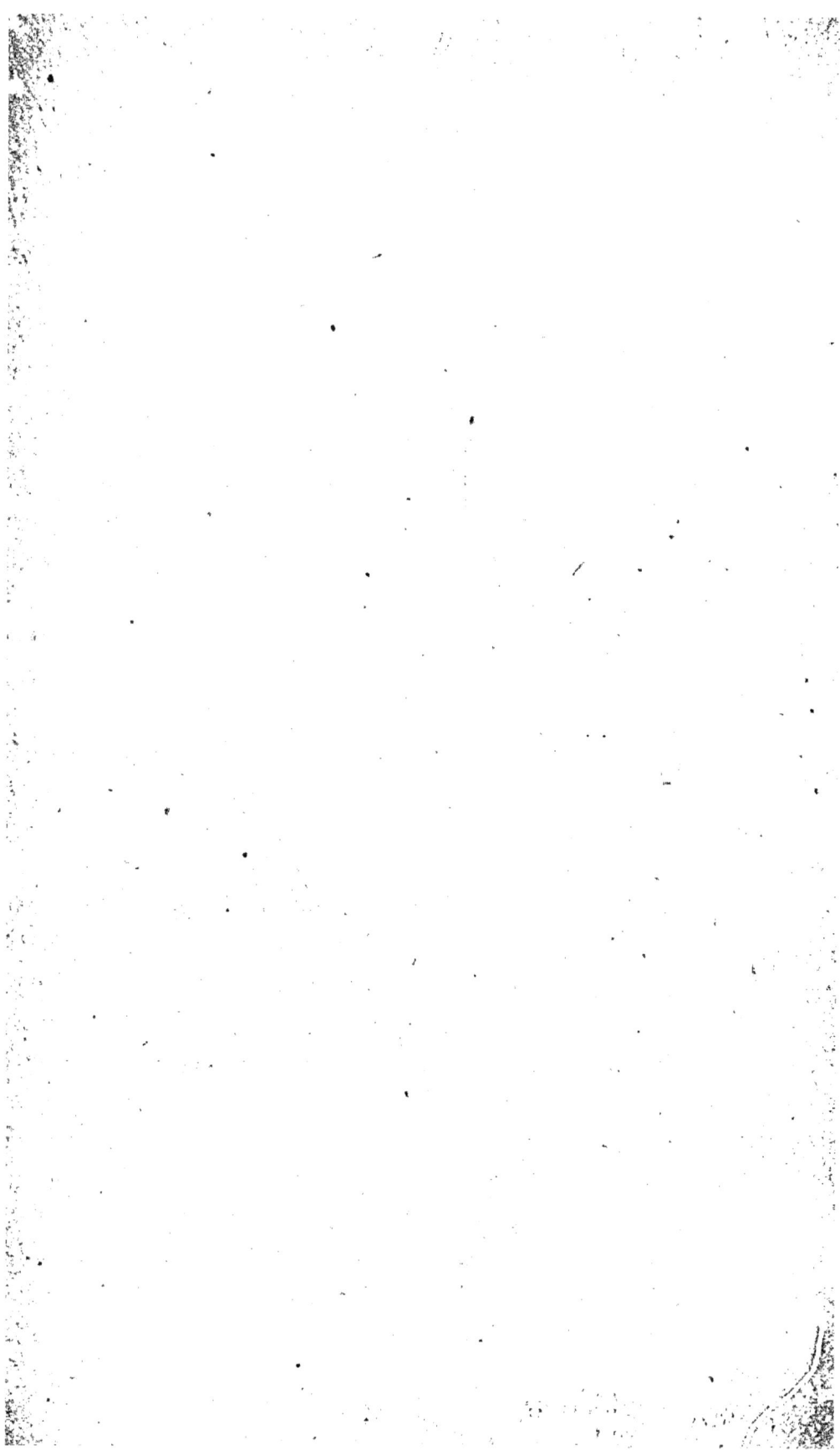

SINICÆ RES

LE JAPON

ET

les suites de la guerre russo-japonaise

PARIS. — IMPRIMERIE R. CHAPELOT ET C, 2, RUE CHRISTINE

SINICÆ RES

LE JAPON

ET

LES SUITES

DE

LA GUERRE RUSSO-JAPONAISE

PARIS

LIBRAIRIE MILITAIRE R. CHAPELOT ET Cⁱᵉ

IMPRIMEURS-ÉDITEURS

30, Rue et Passage Dauphine, 30

1907

SINICÆ RES

L'occupation de Tientsin par les troupes européennes et ses précédents.
La genèse de la situation actuelle.
Le coup d'état de la douane anglo-chinoise.

Après le traité de 1860, Tientsin fut occupé par une brigade française d'infanterie et une batterie d'artillerie jusqu'au printemps de 1862, époque de payement du dernier terme de l'indemnité de guerre due par la Chine[1]. Un détachement anglais de même force prenait part à cette occupation et fut retiré dans les mêmes conditions[2]. A la même époque avait eu lieu la révolution de palais qui mit après la mort de l'empereur Hien-Fong le pouvoir suprême entre les mains de l'impératrice qui l'exerce encore aujourd'hui.

— Les Européens occupent de nouveau Tientsin depuis la révolte des Boxers en 1900. Une brigade japonaise s'y trouve avec eux. L'effectif approximatif de ces troupes à l'automne de 1905[3], était d'environ 2,400 Allemands, 2,009 Japonais, 2,500

---

[1] Cette indemnité (Art. V du traité) était de 8,000,000 de taëls représentant, au change de l'époque, un peu plus de 60 millions de francs.
[2] La brigade française était commandée par le général O'Malley, fils d'un Irlandais réfugié en France sous le Premier Empire. Les Anglais étaient commandés par le major général Staveley. Le signataire de ces lignes était chef d'état-major français.
[3] Novoe Vremia du 2 juillet 1906.

Anglo-Indiens, 1,500 Français, 700 Italiens, 150 Autrichiens, 150 Américains, 250 Russes, soit au total un peu plus de 9,000 hommes, dont il y a lieu de défalquer aujourd'hui le contingent allemand rapatrié.

— L'armée sino-tartare du vice-roi Yuen-Chi-Kaï qui a un effectif de 40,000 (quarante mille) hommes, armés et instruits à l'européenne, occupe aussi le Pétchéli. Les manœuvres de cette armée à l'automne de 1905 ont permis de constater que sa discipline, son armement et son instruction sont dans les meilleures conditions.

— Ici se présente un dilemme. Si ces troupes tartares et chinoises qui, de par les traités, doivent garantir la sécurité et les biens des Européens, sont en état de remplir leur mission à cet égard, les détachements européens et japonais qui occupent Tientsin, sont absolument inutiles. D'autre part, si le gouvernement de Pékin rompait les traités qu'on lui a imposés, ou les laissait rompre, *more sinico*, par une nouvelle insurrection, ces faibles détachements ne courraient-ils pas un danger immédiat et sans compensation, en présence de l'armée de Yuen-Chi-Kaï, qui n'agirait probablement pas de concert avec eux contre un soulèvement national ?

L'Allemagne a tranché cette question pour son propre compte en rappelant les deux tiers de ses forces. Au commencement de mars 1906, un escadron, une batterie à cheval et la plus grande partie des deux régiments d'infanterie qui se trouvaient en Chine, 1,700 hommes au total, ont été rapatriés par le transport *Neckar*.

Avant d'adopter une solution aussi radicale, les autres puissances ont préféré sans doute voir qu'elle serait l'impression produite sur les Chinois par le départ des Allemands, et si l'hostilité contre les étrangers n'en serait pas accrue.

— Un des agents qui connaissent le mieux l'Extrême-Orient, M. Rockhill[1], ministre des États-Unis, s'attendait à un soulèvement immédiat au départ des Allemands. Cette opinion d'un homme très calme, très capable, qui réside en Chine depuis

---

[1] M. Rockhill est un ancien officier américain et élève de l'École militaire française de Saint-Cyr.

vingt ans, ne pouvait être dépourvue de raisons d'être. Les télégrammes adressés par lui à Washington étaient de plus en plus alarmants. Un conseil secret fut réuni sous la présidence de M. Roosewelt avec les ministres de la guerre et de la marine. Une partie des dépêches de M. Rockhill fut livrée à la publicité, des ordres furent donnés pour concentrer éventuellement 40,000 hommes à Manille et envoyer dans les eaux chinoises les croiseurs *Chattanooga* et *Galveston*.

— Il y eut quelques émeutes isolées, mais les appréhensions de M. Rockhill ne furent pas confirmées par des faits certains, alors qu'on ne pouvait cependant douter de l'exactitude de ses renseignements. Il est donc probable que le gouvernement chinois devient assez fort pour contenir les impatients et attendre son heure. Un fait plus significatif que des émeutes est la détermination prise par lui de subordonner tous ses serviteurs européens, *y compris Robert Hart*, à l'autorité des mandarins, ce qui est certainement une déchéance pour l'homme qui pendant tant d'années avait été le vrai ministre des finances de l'impératrice et le conseiller de sa politique extérieure.

Le gouvernement anglais n'a cependant pas jugé à propos de s'en formaliser, pas plus que des questions posées à la tribune du parlement japonais sur la valeur réelle de l'armée anglaise.

On ne peut contester la possibilité d'un nouveau soulèvement de la Chine contre les étrangers, en tenant compte des causes suivantes qui peuvent, selon le cas, en retarder ou en accélérer l'explosion. Le gouvernement chinois étant convaincu que le traité anglo-japonais lui garantit l'intégrité de son territoire peut avoir une attitude plus calme vis-à-vis des Européens, sans renoncer d'autre part à ses plans d'indépendance à leur égard et aux réformes entreprises dans ce but. — Malgré l'alarme donnée aux États-Unis par M. Rockhill, et malgré les précautions militaires annoncées à Washington, le boycottage institué par les Chinois contre les Américains s'est étendu aux autres Européens et a paru avoir des effets que les Chinois ont interprété comme un succès pour eux-mêmes. La masse d'étudiants chinois à demi instruits qui revient de l'Université de Tokyo, est convaincue que la Chine peut et doit suivre les exemples du Japon. Des professeurs et instructeurs japonais sont en grand nombre près des gouverneurs de provinces, qui sont eux-mêmes poussés dans la voie où les a devancés Yuen-Chi-Kaï, et cherchent avec les moyens dont ils disposent à former aussi des troupes sur le modèle japonais. Sur le terrain des conventions commerciales, comme sur celui de toutes les concessions industrielles, c'est le même esprit de hauteur et d'hostilité qui s'est manifesté chez les Chinois, notamment au cours de leurs pourparlers avec les Allemands. De cet ensemble de faits résulte l'impression qu'un avenir, peut-être prochain, sera gros de surprises et d'imprévu. En ce qui concerne la France, on ne voit pas bien ce qui l'empêche de réduire son corps d'occupation de Tientsin, alors que ses gouvernants eux-mêmes parlent de diminuer l'effectif des troupes d'Indo-Chine, mais elle n'est pas libre d'agir d'une façon indépendante.

*
* *

Les nations européennes, désunies chez elles mais placées en Chine devant un danger commun et imminent, ont toutes contribué à former l'armée expéditionnaire de 1900[1], commandée par le maréchal allemand Waldersee et augmentée d'un corps d'armée japonais. L'occupation de Tientsin, destinée en principe à assurer l'exécution des engagements pris par la Chine, était une conséquence de cette guerre ; toutefois la situation actuelle de la Russie en a modifié profondément les conditions. Le Japon entièrement prépondérant sur terre et sur mer domine tout ; l'Angleterre, son alliée ou sa cliente, lui est en réalité subordonnée au point de vue de leur action commune et éventuelle en Extrême-Orient, soit vis-à-vis de la Chine, soit même ailleurs. *Anglitchanine khiter, no Rouss cilène.* L'Anglais est rusé, mais le Russe est fort, disait jadis un proverbe oriental. Or, là où la force russe n'est plus momentanément qu'un souvenir, la ruse ou l'habileté de l'Angleterre a-t-elle chance de s'imposer et de durer? A-t-elle surtout le pouvoir, en eût-elle l'intention, ce qui n'est guère dans ses habitudes, de veiller sur les intérêts d'autrui et d'intervenir au besoin en leur faveur? Elle le voudrait, ce qui est douteux, qu'elle ne le pourrait pas, ce qui est presque certain. Elle n'a pu jouer son rôle sur le continent européen au siècle dernier

---

[1] Cette armée avait un effectif de plus de 100,000 (cent mille) hommes.

qu'avec des alliés qui consentaient à se battre pour elle. Au xxᵉ siècle la situation est identique, sinon même plus compliquée et plus grave en face des millions d'Asiatiques qui échappent de plus en plus à l'ascendant de l'Europe.

— On a parlé d'entente entre l'Angleterre, le Japon, la Russie et la France. Ces rumeurs peuvent plus ou moins favoriser des emprunts ou les commandes de matériel nécessaires à l'activité des grandes industries européennes, sans aboutir pour cela à des traités internationaux, quels que soient leurs échos à Londres ou même à Tokyo. Après avoir réalisé ses emprunts, le Japon n'a besoin de personne pour installer avec une activité toujours croissante des comptoirs commerciaux dans les villes de Mandchourie et de Corée, pour compléter le réseau de ses voies ferrées de Fousan à Chemulpo, puis à la frontière mandchoue et de là jusqu'à Moukden[1] ; ni pour faire de Dalny un port franc, ni pour ouvrir de concert avec la Chine Moukden au commerce international, même au milieu du trouble qui a suivi la guerre.

Ce qu'on est convenu d'appeler « pirates » dans le nord de l'Indo-Chine existe sous le nom de « khounkouzes » dans le nord de la Chine et en Mandchourie. D'un côté comme de l'autre il est parfois difficile de dire où finit le « brigand » et où commence le « partisan ».

— Au cours de la dernière guerre, les principaux chefs khounkouzes étaient à la solde du Japon, et ces relations, aux dires des Russes, se sont maintenues après la paix[2], non seulement dans la Mandchourie du Nord et du Sud, mais jusqu'en Mongolie.

Comme les pirates du Tonkin, ces bandes sont mobiles, hardies, savent se dissimuler, et sont rarement dénoncées par les populations sédentaires. Les autorités chinoises réinstallées en Mandchourie les prennent à leur solde, et le Tsiang-Khiun (général tartare) de Tsitsikhar vient d'enrôler dans ses troupes 300 cavaliers khounkouzes[3]. C'est, on le voit, un système de tout

[1] Novoe Vremia du 9 juin 1906.
[2] Novoe Vremia du 8 juin 1905 (correspondance de Kharbine).
[3] Novoe Vremia du 8 juin 1905 (correspondance de Kharbine).

point comparable à celui des « chefs pirates soumissionnaires » adopté par les agents coloniaux français dans le nord du Tonkin.

Une partie de ces bandes infeste la région de l'Oussouri, voisine des possessions russes, et aussi, comme au Tonkin, les faibles détachements de gardes-frontières russes ne sont pas toujours en état de les contenir, d'autant plus qu'on ne peut pas compter sur un concours sérieux des autorités tartares et chinoises pour aider la répression.

Les déceptions et les dangers auxquels le système des « chefs pirates soumissionnaires » peut exposer la France au Tonkin, sont très atténués et n'existent même pas pour le gouvernement chinois à qui ce système a servi d'*instrumentum regni*, non seulement en Mandchourie, mais surtout dans les provinces méridionales et maritimes de la Chine, où des bandes de pirates de terre et de mer, constituées en vastes associations et pourvues d'une hiérarchie complète, sont de tout temps entrées à son service, après avoir pillé les populations et fait la guerre pour leur propre compte. Il suffit de rappeler le fameux Liu-Vinh-Phoc, *chef des pavillons noirs*, dont les dernières bandes ont été anéanties à Formose par les Japonais, le 21 novembre 1895 à Taïwan. Au xviie siècle le pirate de mer Ching-Ching-Kung (Koxinga), dont les descendants font partie de la haute noblesse tartare à Pékin, avait exterminé les Hollandais à Formose ; il avait, avec une flotte montée par une armée de 25,000 hommes, détruit en 1661 tous leurs établissements créés au cours d'une colonisation qui avait duré 30 ans[1] et même davantage, car les Hollandais avaient occupé les Pescadores dès 1622.

Malgré tous les dangers, les lenteurs et les difficultés que présentaient jadis la navigation, il ne faut pas oublier que la *pénétration pacifique* de l'Extrême-Orient par les nations européennes, avait pris au xvie et au xviie siècle une ampleur et des proportions qu'elle est encore loin d'avoir atteint aujourd'hui. Les établissements portugais et espagnols en Chine et au Japon, la colonisation hollandaise de Formose, les comptoirs russes établis dans le nord de la Chine et jusqu'à Pékin même, étaient parvenus à un haut degré de prospérité, qui déclina ensuite

---

[1] Will Williams, *The middle Kingdom*, tome II, p. 137.

rapidement soit par le fait des Chinois, soit par suite des rivalités des Européens entre eux. A Ning-Po huit cents Portugais et douze mille chrétiens indigènes périrent dans un seul massacre[1], au cours duquel 35 navires européens furent incendiés dans le port. Des faits beaucoup plus récents, tels que le massacre de Tientsin en 1870 et le soulèvement boxer en 1900, semblent prouver que les instincts et les idées de la population chinoise n'ont pas sensiblement changé.

*
* *

L'alliance des nations continentales de l'Europe avec le Japon eut été un puissant moyen, le seul peut être, d'établir un lien durable et une pénétration réciproque pacifique entre l'Europe et l'Asie. Ce n'est pas du Japon que sont venus les premiers obstacles. Les principaux organes de l'opinion publique en Russie, mêmes officieux, ne se gênent pas pour déplorer aujourd'hui la politique qui devait aboutir à la guerre, politique dans laquelle la France a été à la remorque de son alliée, sans plus de discernement qu'elle n'en montrait auparavant pour être le satellite des Anglais dans toutes les circonstances où il eût été plus honorable et plus utile de conserver son indépendance[2].

— Un livre bleu russe qui paraît destiné aux membres de la Douma a été publié au commencement de mai 1906, sous le titre de « Résumé des relations de la Russie avec les gouver- « nements chinois et japonais antérieurement au conflit armé « entre la Russie et le Japon ». A cet aperçu ou résumé sont joints quatre documents annexes :

— 1. — Chronologie des principaux événements de la marche en avant de la Russie vers l'océan Pacifique.

— 2. — Prise à bail par la Russie des ports chinois, Arthur et Talienuwan.

— 3. — Reconnaissances en Corée et opérations dans le bassin du fleuve Yalou.

— 4. — Relations de la Russie avec la Mandchourie et la Corée.

Il est dit pages 20 et 21 du Résumé que dès le traité de Simo-

---

[1] Willi WILLIAMS, *The middle Kingdom*, tome II, p. 128.
[2] Voir le *Journal des Sciences militaires*, février 1905, p. 165.

noseki, le Japon se prépara à la guerre. « Les sphères militaires du Japon se mirent à augmenter l'armée avec une hâte fiévreuse qui amena la transformation de l'armée deux ans plus tôt qu'elle n'était prévue. » Le Résumé ajoute ensuite: « La classe dirigeante (au Japon) hésitait beaucoup dans le choix d'une amitié politique avec la Grande-Bretagne ou avec la Russie ».

— Cette assertion, au dire du *Noroe Vremia*, n'est pas conforme à la vérité. Si l'auteur du « Résumé » dit le journal officieux[1], avait pris connaissance de la correspondance du ministère des affaires étrangères russe, il y eût trouvé (année 1896) le compte rendu d'une conversation du maréchal Yamagata avec le ministre russe à Tokyo, conversation dans laquelle se trouve le passage littéral suivant : « *Il est possible d'établir entre la Russie et le Japon une entente complète sur les affaires d'Extrême-Orient, car dans cette partie du monde ces deux puissances n'ont pas d'intérêts réciproques qui soient en conflit. Leur ennemi commun est manifestement l'Angleterre.* »

— Ce qui précède, continue l'organe officieux russe, permet d'affirmer que *jusqu'en 1902* le Japon s'était efforcé avec persévérance de s'entendre avec la Russie. L'ignorance seule de nos diplomates l'a jeté dans les bras de la Grande-Bretagne, et l'auteur du « Résumé » a commis une lourde faute en se taisant « sur ces renseignements et d'autres analogues » (*Noroe Vremia* 6/19 mai 1906).

— Le ministre de Russie au Japon en 1896 était M. de Hitrowo qui revint en Europe avec l'attaché militaire russe en Chine et au Japon, colonel Wogak, sur le paquebot qui amenait l'ambassade japonaise envoyée au sacre de l'empereur Nicolas II. Elle avait la composition suivante :

S. A. I. le prince Foushimi, représentant personnel de l'Empereur.

Suite du prince.

Le marquis Tokougawa, vice-grand-maître des cérémonies.
Le baron Marinokogi, maître des cérémonies.

---

[1] *Noroe Vremia* du 6/19 mai 1906, n° 10327.

M. Foukouba, maître des cérémonies.

Le baron Ito (fils du marquis Ito, premier ministre), maître des cérémonies.

M. Kiyooka, grand-maître de la maison du prince.

M. Assada, maître d'hôtel du prince.

Le lieutenant-colonel Uéhara, ancien élève de l'École de Fontainebleau.

Le capitaine de corvette Sakamoto, qui avait suivi, à bord de l'*Algésiras*, l'école de torpilles en France.

Le capitaine Haguino.

Le lieutenant comte Hishamatsu, ancien élève de Saint-Cyr[1].

Le maréchal Yamagata, ambassadeur extraordinaire.

Suite du maréchal :

M. Kowayaki, secrétaire des affaires étrangères.

M. Tsoudzouki, chef de la bibliothèque impériale.

M. Terazaki, employé de la maison impériale.

Le colonel Ikéda, ancien élève de Saint-Cyr, ancien attaché militaire à Paris.

Le lieutenant-colonel Tojo.

Le commandant Oshima.

Le médecin militaire Hiraï.

Cette ambassade n'était pas seulement représentative. Elle devait avoir la plus haute importance au point de vue des relations ultérieures entre le Japon et l'Europe.

Les Japonais avaient eu le droit d'être surpris en voyant la France prendre le parti de la Chine contre eux après le traité de Simonoseki. La Chine, appuyée par l'Angleterre, avait fait preuve d'une telle hostilité aux intérêts français en Indo-Chine qu'il était surprenant de voir de tels souvenirs s'effacer si vite, alors que le Japon n'avait jamais eu que de bons procédés à notre égard et que les dignitaires de la cour impériale, ainsi que les principaux chefs de l'armée, avaient toujours manifesté à l'égard

---

[1] Plus tard attaché militaire comme chef de bataillon à l'ambassade du Japon à Paris.

de la France et des Français les sentiments les plus amicaux. Ces dispositions avaient été jusqu'au projet de s'allier à la France contre la Chine en 1884[1].

La Russie seule, unie à l'Allemagne, ne serait pas parvenue en avril 1895 à faire céder les Japonais et à les contraindre d'abandonner des conquêtes acquises par la force des armes et au prix du sang de leurs soldats. Quelles étaient alors les forces de la Russie ? Sur mer, une escadre un peu plus forte que celle du Japon, fatiguée par une longue campagne, mais aguerrie et vaillante. Sur terre rien, ou presque rien. Pas d'autre port que Vladivostock ; pas de docks, ni de transports, ni de réserves de charbons ou d'approvisionnements. Le Japon avait tout cela et aurait vraisemblablement usé son adversaire.

Si d'après l'ultimatum d'avril 1895 dans lequel elle se joignait à la Russie et à l'Allemagne, la France avait limité son action et cherché ensuite à jouer le rôle d'intermédiaire entre la Russie et le Japon, sans fournir à celui-ci de nouveaux griefs, elle eût rendu service à elle-même et à son alliée, engagée dans la voie qui devait fatalement mener à la guerre.

Jamais les nations européennes dans leurs conflits avec la Chine n'avaient évacué les territoires occupés, Tientsin, Changhaï, Canton, Chusan, etc., qu'après payement des indemnités de guerre.

Malgré ces précédents, les trois puissances voulurent, au mois de septembre 1895, contraindre le Japon à évacuer le Liao-Toung avant le payement de toute indemnité, alors que le premier versement à faire par les Chinois n'avait lieu qu'en novembre. Cette démarche était aussi vexatoire qu'inutile et nuisible au crédit de la France près du gouvernement japonais, tandis que les Anglais profitaient de ces circonstances pour faire oublier leur précédente alliance avec la Chine, pour asseoir solidement leur influence à Tokyo et pour faire une guerre sans merci au commerce et aux intérêts français.

— Combien n'eût-il pas mieux valu au gouvernement français d'adopter une conduite toute différente, qui ne lui eût pas aliéné

---

[1] Mission en Europe du général (depuis maréchal) Oyama. (Voir le *Journal des Sciences militaires*, février 1906, p. 169.)

ses amis japonais, lui eût permis de servir la Russie d'une façon au moins aussi efficace et l'eût fait craindre de la Chine sans la blesser. Il eût suffi d'être « les honnêtes courtiers » entre le Japon et la Russie (entre le Japon et la Chine peut-être). La France avait alors assez d'autorité pour assumer ce rôle, pour en faire comprendre l'utilité et le faire accepter par tout le monde, sauf peut-être par les Anglais. — Y renoncer pour suivre la ligne de conduite indiquée plus haut, devait fatalement aboutir à perdre en quelques jours les sympathies acquises depuis long-temps dans l'élite dirigeante du Japon, et à partager dans la masse de la nation l'impopularité de la Russie qui a fini par aboutir à la guerre de 1904.

Enjoindre au Japon d'évacuer le Liao-Toung avant le payement de toute indemnité, au commencement de septembre, alors que l'échéance du premier payement à faire par la Chine n'arrivait qu'en novembre, était contraire à tous les précédents créés par les puissances européennes elles-mêmes ; c'était encourager les Chinois à ne pas remplir leurs engagements et préparer pour l'avenir des complications nouvelles. Trois ans plus tard, en effet, l'intervention des puissances européennes pour la Chine contre le Japon devait trouver sa récompense dans le soulèvement des Boxers. On peut aussi, d'après ce qui précède, juger de l'impression que devait produire sur les Japonais l'acte ultérieur de la Russie, se substituant à eux dans la possession du Liao-Toung et de Port-Arthur.

*
* *

Malgré tant d'obstacles et si peu d'encouragements, l'ambas-sade du prince Foushimi et du maréchal Yamagata n'en avait pas moins eu pour but, ainsi qu'en fait foi la correspondance même du ministre de Russie au Japon, de parvenir à une entente et à une alliance avec les puissances du continent européen, la Russie en premier lieu. La Russie et l'Allemagne s'étaient unies au lendemain de Simonoseki pour la protection de la Chine, et la France s'était jointe à elles. Sans cesser de rendre justice aux officiers français qui, depuis vingt ans, avaient concouru à la création de l'armée japonaise, et cela pendant les seize années du ministère du général Oyama, le maréchal Yamagata avait jugé utile, dans l'intérêt de son pays, de faire aussi appel à l'aide de la science militaire allemande. Le major Meckel avait été appelé, vers 1884, pour enseigner l'organisation des services d'état-major et de commandement. Mais, tout en agissant ainsi, le gouvernement japonais entendait rester maître chez lui, sans subir d'influences extérieures. Il en avait donné la preuve en rappelant, au lendemain de la guerre de 1870, pour instruire son armée, des officiers français qu'il connaissait et qui avaient mérité sa confiance, dont il leur a donné à diverses reprises des preuves éclatantes.

En arrivant en Europe au printemps de 1896, le prince Foushimi et le maréchal Yamagata avaient comme instructions de *faire un arrêt de quinze jours à Paris avant de se rendre à Moscou. Ils devaient, pendant ce séjour, se renseigner sur les intentions des gouvernants français et les pressentir en vue d'un accord ou d'une alliance.* Appuyée sur la Russie et le Japon en Extrême-Orient, la France y aurait acquis, vis-à-vis de la Chine comme de l'Europe, une situation inexpugnable et du plus grand avenir. Ses relations antérieures avec le Japon, pendant une période de trente années, en étaient la garantie; elles lui donnaient le droit et le moyen de faire entendre raison à son alliée. C'était si évident que tous les agents français connaissant l'Extrême-Orient avaient insisté avec preuves à l'appui près du gouvernement français pour l'éclairer à temps.

Un officier général qui avait fait de longs séjours au Japon comme instructeur militaire, et avait déjà été attaché au général (depuis maréchal) Oyama lors de la mission de celui-ci en Europe (1884), reçut en 1896, comme douze ans auparavant, les propositions de l'ambassadeur japonais qu'il résuma dans un mémoire rédigé en mai 1896 et remis à un des ministres.

Après avoir d'abord exposé les grands avantages qui résulteraient pour la France et la Russie d'une entente avec le Japon, il affirmait ensuite que la Russie seule ne pourrait pas lutter contre le Japon, et concluait en disant que, si elle persévérait dans la voie funeste où elle paraissait s'engager, elle trouverait au Japon « *une Abyssinie doublée de la guerre maritime* ».

A son retour de Moscou, le maréchal Yamagata ne fit que toucher en France et repartit de suite pour le Japon.

Ces faits datent de dix ans à peine, et les hommes d'État japonais d'alors sont toujours les conseillers de leur souverain. En France, le personnel gouvernemental s'est renouvelé sans cesse, sans rien changer aux errements antérieurs, et même en les aggravant parfois au lieu de les changer.

Dans un pays où l'opinion publique est incapable de se fixer avec suite sur un objet quelconque, si grande qu'en soit l'importance, où les fables les plus grossières peuvent être imposées à sa crédulité qui aime à s'en contenter, il est d'autant plus facile de laisser ignorer les faits qui se rattachent à des pays lointains et peu connus ; ce n'est qu'un jeu pour les politiciens qui se sont trompés, d'éluder les responsabilités ou de les rejeter sur autrui sans qu'il soit possible de réparer les fautes commises.

**

Au cours du siècle dernier, l'Angleterre en Afghanistan, l'Italie dans l'Afrique orientale, comme la Russie aujourd'hui, ont éprouvé ce qu'il en coûtait de vouloir agrandir prématurément des sphères d'action et protéger, malgré elles, des populations belliqueuses. Les nations continentales de l'Europe ont voulu suivre l'exemple de l'Angleterre, imiter son expansion, sans remarquer que jamais cette puissance ne s'était engagée dans ces entreprises, quand elles étaient périlleuses, sans avoir une alliée sérieuse, pour en partager avec elle non les avantages, mais les risques.

Après la révolte des Indes en 1857 et le désastre de sa flotte en 1858 devant les forts du Peïho, l'Angleterre n'aurait pas risqué la guerre de 1860 sans le concours de l'armée et de la flotte françaises qu'elle sut employer contre la Chine comme elle l'avait fait six ans auparavant contre la Russie. La guerre russo-japonaise révèle l'emploi des mêmes procédés, dans des proportions et avec des résultats encore plus grandioses.

La passivité des nations et des races que l'Europe a voulu ainsi dominer ne touche-t-elle pas à son terme? Malgré les qualités guerrières des populations musulmanes, l'exemple des Abdel-Kader, des Chamyl, des Yakoub-bey, du Mahdi de Khartoum et de tant d'autres, ont prouvé que le fanatisme et la bravoure de leurs soldats ne suffisaient pas pour résister aux armées européennes soutenues par les puissantes ressources d'organisations gouvernementales complètes. Mais, du premier coup, les Japonais, et bientôt les Chinois, montrent à l'Europe qu'en créant des armées et des flottes, ils savent aussi maintenir, rajeunir, ou créer les institutions sociales et les mécanismes gouvernementaux qui résistent aux revers, assurent la durée des États et leur permettent enfin de prendre l'offensive au dehors si leurs intérêts, leur sécurité, et même seulement la fierté nationale, en fournissent le prétexte ou l'occasion.

C'est ici qu'apparaît l'inanité des projets qui flattent la vanité publique en ouvrant des perspectives décevantes aux entreprises modernes, mais dont l'exécution devient de plus en plus difficile, ainsi qu'on le voit au Maroc, en Extrême-Orient et même dans l'Orient méditerranéen.

L'affaiblissement de la Russie et les dangereuses chimères qui lui font cortège soit à l'intérieur, soit dans les relations internationales du jour, auront leur contre-coup certain, funeste et prompt, sur l'expansion et les intérêts de toutes les autres nations de l'Europe.

En réagissant contre les utopies et en maintenant l'ordre chez lui, le gouvernement russe peut sauver non seulement ses intérêts nationaux, mais il préserve aussi ceux du reste de l'Europe en face de dangers plus réels et moins éloignés qu'ils ne paraissent.

L'effet que le sentiment de la réalité produit, même chez des Anglais connus jusqu'à présent pour leur russophobie, est bien une preuve qu'il y a unanimité d'opinion chez tous les gens qui sont guidés non par la prévention ou la passion, mais par les calculs de la prévoyance.

C'est à ce point de vue que se place l'explorateur connu, M. Vambéry, qui préconise aujourd'hui un accord nécessaire et sincère entre la Russie et l'Angleterre, « non seulement pour « leurs intérêts réciproques, mais pour ceux de la paix générale « et du développement de l'humanité ».

Après s'être livré dans un livre connu, l'Europe en Asie, contre la Russie à des attaques que les Anglais eux-mêmes trouvaient exagérées et injustes, M. Vambéry constate aujourd'hui que la Russie, comme l'Angleterre, a exercé une action haulemen civilisatrice sur les populations asiatiques et, en particulier, sur les musulmans auxquels la Russie a donné « le sentiment d'une existence nationale ». Son opinion est que, grâce à son tact politique, à sa patiente énergie pour les amener à la culture et au patriotisme, les musulmans russes sont devenus très supérieurs à leurs coreligionnaires de la Turquie, de la Perse et de l'Inde. Toutefois, ce patriotisme est plutôt du loyalisme, circonstance importante, puisque ces musulmans sont unis non seulement par la foi religieuse, mais aussi par l'origine ethnique et par la langue. Le savant orientaliste leur donne la qualification de « Turcs russes ». On voit qu'il en vient à considérer non seulement l'unité de foi et de propagande de l'Islam, mais aussi le réveil de nationalités islamiques dont le langage est presque semblable à celui des Turcs osmanlis, sujets du sultan de Constantinople. Il assigne également un rôle important dans l'avenir aux quatre vingt millions de musulmans de l'Hindoustan, chez lesquels se sont développés des foyers de culture intellectuelle et de recherches scientifiques sur les nations musulmanes, soit d'origine turque[1], soit d'origine arabe[2].

*
* *

L'édit impérial qui dans les premiers jours de mai 1906, a substitué à l'autorité suprême de sir Robert Hart, directeur des douanes chinoises, celle des hauts mandarins Tié-Liang, ministre des finances, et Tang-Chao I, vice-ministre des affaires étrangères (Waï-wou-pou), paraît avoir eu la forme d'un coup d'État *sui generis*.

L'habile agent anglais qui avait en 1885, lors du décès de sir Harry Parkes, répondu à lord Granville qu'il valait mieux pour lui préférer l'emploi de directeur des douanes à celui de ministre d'Angleterre à Pékin ; le conseiller sagace qui, pendant près de quarante ans, avait été le réel ministre des finances de l'empire chinois et l'inspirateur de sa politique extérieure notamment dans les affaires du Tonkin en 1885, n'a connu la cessation

---

[1] Vambéry dans le n° de juin 1905 du *XIX Century and after*.
[2] *L'Espagne au temps des Sarrasins*, par Emir Ali, ancien membre de la Cour suprême de justice au Bengale.

de ses hautes fonctions que par l'édit impérial lui substituant des fonctionnaires chinois. Pas plus que M. Hart, le ministre d'Angleterre, ni aucun de ses collègues européens, n'en avait été prévenu.

Cette mesure coïncide avec les projets de conversion de 6 p. 100 en 4 p. 100 des emprunts extérieurs chinois contractés en Europe, dont les principaux détenteurs sont Anglais et dont les douanes maritimes anglo-chinoises sont la garantie.

Le nom de M. Hart n'est d'ailleurs pas mentionné dans l'édit impérial dont voici le texte littéral :

« Le président du ministère des finances Tié-Liang est nommé « directeur général des douanes maritimes. Le vice-président « du Waï-wou-pou Tang-Chao I est nommé vice-directeur « général des douanes maritimes. Tous les agents chinois et « étrangers employés dans cette administration sont subor- « donnés auxdits fonctionnaires précités. »

Se soumettre ou se démettre était donc la seule alternative laissée à l'ancien directeur général. Le Foreign-Office anglais croyait avoir obtenu en 1898 du Waï-wou-pou chinois la pro- messe que sir Robert Hart, aujourd'hui âgé de 70 ans, ne serait remplacé que par un Anglais. Les termes de l'édit et les circons- tances qui ont accompagné sa publication font ressortir avec plus de force les vues du gouvernement chinois. Il est certain que jusqu'à présent l'organisation des douanes, entièrement subordonnée au pouvoir personnel de M. Hart, plaçait les fonc- tionnaires chinois de cette administration dans une situation fausse. Investi directement de ce pouvoir par l'empereur, Hart était maître absolu. Tous les autres agents étaient choisis et n'étaient changés d'emploi que par lui. Il n'y avait pas de retraites. Les agents non chinois qui, pour cause de santé ou de longs services, rentraient en Europe, recevaient sous forme de gratification, un capital dont le revenu assurait leur existence et celle de leur famille. Ce qui prouve à la fois la solidité et le bon fonctionnement de cette administration, c'est qu'elle est restée intacte à travers les commotions, les soulèvements et les guerres qui ont agité la Chine depuis quarante ans. Il est possible que dans l'intérêt de son personnel européen sir Robert Hart, qui a servi la Chine avec une habileté et un dévouement reconnus de tous, accepte momentanément la nouvelle situation, mais son départ n'en semble pas moins certain. Divers organes de l'opinion comme la *China-Gazette* disent que le Japon n'est pas étranger à ces changements. D'autres journaux anglais en attribuent l'initiative à Yuen-Chi-Kaï, le promoteur principal de *La Chine aux Chinois*. Cette opinion se trouve plus ou moins confirmée par les antécédents des personnages tartares ou chinois qui succèdent à sir Robert Hart.

Tié-Liang est un des amis les plus intimes de Yuen-Chi-Kaï; il provient d'une famille militaire. Il fut, il y a dix ans un des premiers à aller s'instruire au Japon. Après son retour, il eut une mission en Mongolie, commanda ensuite les troupes mandchoues, il devint enfin ministre de la guerre. Il fut chargé de réunir dans les provinces du Yang-Tze les fonds nécessaires pour la création de l'armée de Yuen-Chi-Kaï. Il a été récemment nommé ministre des finances.

Tang-Chao I possède aussi la confiance de Yuen-Chi-Kaï, qu'il accompagnait jadis dans sa mission en Corée. Il fut consul général en Corée, fit partie en 1900 de l'état-major de Yuen-Chi-Kaï dans le Chan-Toung, et fut ensuite Taotaï des douanes à Tientsin. Envoyé à Lhassa en 1904 pour traiter au nom de la Chine avec l'expédition anglaise qui avait envahie le Thibet, il refusa d'accepter la convention proposée par les Anglais Appelé en 1905 au ministère des affaires étrangères (Waï-wou-pou), il prit part aux négociations engagées avec le Japon et conduit aujourd'hui celles qui ont lieu entre la Russie et la Chine au sujet de la Mandchourie[1].

Le ministre d'Angleterre à Pékin et les consuls anglais dans tous les ports de Chine avaient en sir R. Hart un appui et un auxiliaire incomparable, Entre la direction des douanes à Pékin, et la *succursale qu'elle possède à Londres*, toutes les questions du commerce extérieur de la Chine étaient prévues et traitées dans le sens le plus favorable au commerce anglais. Elle ne se bornait pas aux questions commerciales. *Ce sont les chefs de l'agence de Londres qui ont en 1885 traité au nom de la Chine, avec le gouvernement français d'alors, au sujet du Tonkin.*

On voit quel incomparable *instrumentum regni* constituait

---

[1] *Novoe Vremia* du 25 juillet 1906.

aux mains de l'Angleterre la douane anglo-chinoise, et combien sa chute sera difficile à réparer. On conçoit aisément que si la vigilance de la Grande-Bretagne et ses moyens d'action doivent de plus en plus se concentrer sur la défense ou la protection des intérêts anglais, il lui sera de plus en plus difficile d'étendre cette protection à d'autres intérêts, même pour les puissances qui auront avec elle des accords plus ou moins définis, en dehors de l'alliance avec le Japon qui domine tout en Extrême-Orient.

Les intérêts français, la France elle-même payeront tôt ou tard, et pourront avoir à payer cher, l'ignorance et l'infatuation des politiciens parlementaires qui, après s'être refusés à écouter le prince Foushimi ou les maréchaux Oyama et Yamagata, contribuèrent ensuite en Asie comme en Europe à pousser la Russie dans la voie de la guerre et des désastres. — Une fois jetés les dés de fer du destin, ce ne sont pas des conférences de La Haye ou des chimères pacifistes qui rompent le cours des événements. Les vains termes d'expansion ou d'influence *mondiales*, contrastent alors durement avec la sévère réalité.

L'Asie et son Expansion dans l'Océan Pacifique.

Ce n'est pas sans motifs sérieux, on pourrait presque dire urgents, que le président Roosewelt veut hâter l'ouverture du canal de Panama, et tenter l'union ou le rapprochement des deux Amériques anglo-saxonne et latine. Malgré l'attitude toujours neutre et conciliante observée par les États-Unis à l'égard des nations asiatiques, en particulier vis-à-vis de la Chine, depuis la guerre de 18.0, et dans presque toutes les circonstances où les nations européennes entrèrent en collision avec cet empire, des questions d'ordre économique, celle surtout de l'émigration chinoise, n'ont pas tardé à créer entre la grande République et l'Empire du Milieu des difficultés qui sont allées plutôt en grandissant. D'autre part, en se créant des débouchés en Extrême-Orient, même avec les grands ports de Vladivostok et de Dalny, la Russie ne menaçait pas les États-Unis d'une concurrence maritime inquiétante. La situation se trouve changée par les victoires du Japon et par son expansion commerciale et navale qui est à prévoir dans tout l'océan Pacifique. La médiation du Président des États-Unis, à Portsmouth, s'explique donc à ce point de vue, aussi bien que par le souci de suspendre les hostilités et de mettre fin à une guerre si meurtrière. Le domaine acquis par le Japon sur le continent asiatique et déterminé aujourd'hui par des traités avec la Russie et la Chine, semble avoir des limites fixées en quelque' sorte par la nature. Ce n'est pas vers la Sibérie que peut s'étendre indéfiniment son activité. La possession de la Corée et du Liao-Toug étaient pour les Japonais des nécessités historiques depuis plusieurs siècles ainsi que le libre accès en Mandchourie, mais c'est sur l'océan Pacifique, vers les magnifiques archipels de la Sonde, dont ils sont les voisins les plus rapprochés, que pourront aussi comme au

XVI⁰ siècle prendre un vaste essor leur commerce maritime et
leur esprit d'entreprise. Le traité de Portsmouth (art. XI) donne
aux pêcheurs japonais le droit d'exercer leur industrie sur les
côtes russes dans les mers du Japon, d'Okhotsk et de Behring,
mais les collisions survenues entre Japonais et Américains prouvent que ces droits ont besoin d'être précisés et délimités de
part et d'autre. Au Nord comme au Sud, il y a donc d'importantes questions à prévoir et à régler, questions qui touchent
aux intérêts et au commerce asiatique et à ceux des deux
Amériques, et enfin à l'avenir des grands archipels du Pacifique
dont l'Angleterre, la Hollande et les États-Unis substitués à
l'Espagne, n'occupent encore qu'une partie.

*
* *

La prudente réserve des États-Unis à l'égard de la Chine et
leur respect pour son indépendance, avaient toujours contrasté
avec les procédés agressifs de l'Angleterre. Lorsque l'escadre
anglaise de l'amiral Hope fut presque anéantie le 24 juin 1858
en voulant forcer l'entrée du Peï-Ho, l'ambassadeur des États-
Unis, M. Ward, qui s'était séparé de ceux des puissances européennes, Angleterre et France, alla débarquer un peu plus loin
le 8 juillet à Pehtang, point indiqué par le gouvernement chinois,
et se mit le 20 juillet en route pour Pékin où il arriva le 27
accompagné par le mandarin Tchong-Heou [1]. — Mais là sa mission fut entravée par le protocole chinois, il ne put remettre la
lettre du Président des États-Unis destinée à l'Empereur. Après
de longues et fastidieuses discussions avec les mandarins Koueï-
Liang et Hwashaua, il dut revenir au petit port de Pehtang et
échanger dans ce village avec les mandarins les ratifications du
traité sino-américain.

Après le traité franco-anglais de 1860 avec la Chine et l'instal-

---

[1] Plus tard préfet de Tien-Tsin en 1870, lors du massacre des Européens
dans cette ville, puis ambassadeur à Pétersbourg pour le réglement des affaires
de Kouldja. N'ayant pas réussi dans cette mission, il fut condamné à mort
en rentrant à Pékin et ne dut la vie qu'à l'intervention du gouvernement
russe.

lation des légations étrangères à Pékin, les puissances restées neutres, Russie et États-Unis, s'y trouvèrent sur le même pied que celles de France et d'Angleterre, admises les unes comme les autres à traiter les affaires commerciales ou autres avec le Tsung-li-Yamen, mais tenues d'ailleurs en quarantaine et sans aucun accès près de l'empereur tartare ou de son entourage, sauf le prince Kung, président du Yamen.

* *

A la fin de 1867 une mission assez semblable aux missions d'études récemment reçues à Paris fut organisée à Pékin sous la direction de MM. Hart, directeur des douanes, et Anson Burlingame, ministre des États-Unis, qui après s'être démis de ses hautes fonctions [1], entra au service du gouvernement chinois et se mit en route d'abord pour San-Francisco et les États-Unis,

---

[1]
M. Burlingame to M. Williams H. Seward, Secretary of State Washington D. C.

Légation of the United States.

Peking, november 21, 1867.

« Sir, In the interests of my country and civilisation, I do hereby resign my commission as envoy extraordinary and minister plenipotentiary from the United States to China.

« I have the honour to be, Sir, your obedient servant.

« Anson BURLINGAME ».

Télégramm. *M. Burlingame to M. Seward.*

United States Legation,

Peking, november 21, 1867.

« Chinese Empire appointed me envoy to treaty powers. Accepted. Leave at once for San-Francisco.

« Anson BURLINGAME ».

(Johannes von GUMPACH, *The Burlingame Mission*, Changhaï, 1872, page 9.)

Les locutions chinoises et tartares mantchoues, employées dans la rédaction des lettres de créance remises à Burlingame pour les gouvernements européens, impliquaient l'idée de rapports entre suzerains et vassaux. Après avoir, par exemple, énuméré les titres de l'Empereur, fils du Ciel, Roi des rois, etc., etc., le titre que le même document accordait à la reine d'Angleterre Victoria peut se rendre par « the great lady » « la grande dame, ou l'honorable dame ». Et ainsi du reste. Il en serait probablement encore de même, sans la guerre sino-japonaise de 1895. (GUMPACH, *The Burlingame mission*, page 96.)

puis pour l'Europe, à la tête d'un personnel qui comprenait deux mandarins précédemment secrétaires du Tsung-li-Yamen, six étudiants chinois, deux Européens, dont un secrétaire interprète de la légation anglaise et un Français agent de la douane dirigée par M. Hart. Après avoir parcouru les États-Unis et une partie de l'Europe, cette mission prit fin par la mort de Burlingame survenue en février 1870 à Pétersbourg. L'activité de son chef et les pouvoirs dont on le croyait investi avaient fait une certaine impression près des gouvernements européens, notamment à Londres, mais ils furent promptement détrompés par des faits nouveaux, tels que le massacre des Européens à Tien-Tsin le 21 juin 1870 et la persistance du gouvernement chinois dans ses errements antérieurs.

En 1900 les contingents américains contribuèrent avec les troupes européennes à la répression des Boxers, et ils prennent part en 1906 à la protection des légations européennes de Pékin. La modération dont le gouvernement des États-Unis a fait preuve jadis à l'égard de celui de Pékin, est passée inaperçue pour le peuple chinois et n'a été d'aucun effet sur les mandarins. Il est même probable que si la possession de Manille n'avait pas donné aux États-Unis la possibilité de concentrer rapidement et facilement des forces militaires et navales à proximité de la Chine, le gouvernement de Pékin aurait montré encore plus de hauteur et de mauvaise volonté dans les nombreuses occasions où la légation américaine de Pékin s'est vue forcée de soutenir et de protéger les intérêts de ses nationaux. — Ces circonstances ont mis en évidence la grande importance stratégique que présente l'archipel des Philippines vis-à-vis du continent asiatique. Ces grandes îles, si riches, si commerçantes, pourvues d'excellents ports, sont à proximité de ce continent. Elles sont *dix fois plus éloignées* de l'Amérique que du Japon, dont elles sont avec Formose, comme un prolongement. Sur une population de près de deux cent mille âmes, Manille, leur capitale, ne compte guère que cinq mille Européens. Il y en a moins encore dans l'intérieur. La domination espagnole et l'influence des idées chrétiennes ont peut-être adouci les mœurs de la population indigène, mais sans diminuer son énergie et ses instincts belliqueux. Les officiers français qui ont pris part il y a près d'un demi-siècle à la conquête de la Cochinchine se souviennent du courage et de

l'endurance des Tagals du contingent espagnol notre allié. La
résistance opposée à l'occupation américaine par une population
non organisée et mal armée, en est une autre preuve. Les Américains, après les Hollandais et les Espagnols, peuvent se rendre
compte des difficultés que présente l'asservissement des populations malaises qui par leur vitalité, leur amour de l'indépendance et leur bravoure, présentent avec les Japonais des affinités
que justifient aussi leurs origines ethniques. Depuis des siècles
tous ces archipels ont été le théâtre de l'expansion pacifique et
commerciale de la race chinoise, mais les énergies séculaires
accumulées par le Japon n'y voudront-elles pas prendre aussi
une part légitime ? Si les nations européennes ont jugé bon
d'étendre leur expansion et de créer des colonies ou des
comptoirs dans le monde entier, pourquoi le Japon n'étendrait-il
pas son activité dans ces archipels dont le climat ressemble au
sien, et dont les ressources peuvent nourrir une population
cent fois plus nombreuse que leurs habitants actuels ? A l'expansion pacifique des Chinois n'est-il pas naturel de voir le Japon
juxtaposer ou superposer une autre expansion plus virile, plus
indépendante, plus capable de surmonter les obstacles et de
défendre ses conquêtes ? Les qualités primordiales des deux
races et leur constitution sociale en quelque sorte sont résumées
dans les formules suivantes. Pour le Japon il y avait quatre
castes ou classes, les guerriers, les laboureurs, les artisans et les
marchands. La synthèse ethnique chinoise est similaire mais
chez elle la première place appartient aux lettrés, aux intellec-
tuels, tandis que les guerriers y sont complètement omis[1]. —
Les conquérants de la Chine, Mongols et Tartares venus de la
haute Asie ou du Nord-Ouest s'étaient toujours gardés de modifier un état social si favorable à leur domination ; les invasions
européennes du siècle dernier et la guerre sino-japonaise de 1895
ont amené une transformation rapide et profonde, d'abord dans
les classes dirigeantes, puis dans le peuple même, ainsi que le
prouvent les réformes militaires de Li-Hung-Chang et de Yuen-
che-Koë. Le prestige du lettré est en baisse, celui de la profes-

---

[1] They divide the people into four classes : literati, agriculturists, artisans,
and, lastly, traders. The profession of arms is looked down upon and
ignored. (GUMPACH, p. 322.)

sion des armes se manifeste, non seulement chez les Tartares et Mongols, mais aussi chez les Chinois eux-mêmes[1].

*
* *

Les organes officieux du gouvernement japonais, notamment le *Japan Times*, rappellent que tous les engagements pris à Portsmouth au sujet de la Mandchourie seront ponctuellement exécutés. En présence des questions importantes que soulèvent l'occupation de cette province, le régime des ports, celui des chemins de fer, de leur trafic et de leurs tarifs, l'empereur du Japon a pris récemment la décision de réunir le Conseil supérieur des hommes d'État et grands dignitaires dont l'avis est demandé dans les grandes circonstances, comme il l'avait été en 1904 à la veille de la guerre. L'avis des généraux aurait été de procéder à une occupation permanente, tandis que de hauts fonctionnaires tels que le marquis Ito, MM. Matsoukata et Inoyué[2], auraient été d'avis de diminuer les troupes, d'installer une administration civile et de donner toutes facilités au commerce étranger. D'accord avec le Japon, le gouvernement chinois a développé le réseau télégraphique en Mandchourie et dans le Petchili, une communication directe relie Tien-Tsin avec Changhaï-Kouan et In-Keou. Le Japon fournit un grand nombre d'agents pour les stations télégraphiques.

D'après le *Tsiou-Chénboun*, journal de Tokyo, la compagnie japonaise qui exploite les voies ferrées cédées par la Russie, a déjà publié son programme et les résultats obtenus. Elle compte sur une moyenne mensuelle de six cent mille yens comme revenu brut, avec seulement deux cent cinquante cinq mille yens de frais d'exploitation. C'est une preuve de l'économie et

---

[1] Au moment où, sous l'impulsion du Japon, la Chine adopte de nouveaux procédés d'instruction et diminue l'importance des examens littéraires idiographiques, le gouvernement général de l'Indo-Chine paraît remettre en honneur les manuels littéraires chinois (*Comité de l'Asie française*, août 1906, p. 14 et suiv.). Or, la formation d'un personnel européen, indigène ou mixte, capable d'enseigner simultanément la littérature chinoise et les notions, même élémentaires, des sciences européennes, sera toujours un problème des plus difficiles, que les Japonais seuls ont résolu jusqu'à présent.

[2] *Novoe Vremia* du 6 août 1906, d'après les journaux japonais.

de l'activité des Japonais, en présence du *déficit* annuel que donnait l'exploitation russe[1]. Une exposition des produits du Japon est organisée à Moukden. Pour des raisons politiques, et en vue d'étendre leur commerce, les Japonais projettent la construction d'un chemin de fer de Liao-Yang au fleuve Yalou, se reliant aux chemins de fer coréens, et un autre de Tiéling à Girin. D'autre part les Chinois refusent aux Russes la construction d'une voie ferrée allant de Tsitsikar à Mergen et Blagoviétchensk, ligne dont l'importance a été prouvée par la dernière guerre, d'autant plus que les Chinois projettent de construire eux-mêmes un embranchement jusqu'à Mergen, à mi-chemin entre Tsitsikar et Blagoviétchensk, sur les communications mêmes de la Russie avec sa province maritime[2]. Mais toutes ces questions étant aujourd'hui réglées et fixées par les traités, c'est du côté de l'expansion maritime, de l'établissement de ses lignes de navigation et de l'utilisation d'une incomparable population de marins, que le Japon serait libre de tourner toute son attention et toute son activité.

Ce n'est pas sans amertume que les Russes comparent aujourd'hui leur situation d'Extrême-Orient à ce qu'elle était à la fin de 1903. L'avenir de la province de l'Amour et de la province maritime devenues russes depuis 1858 grâce à l'habileté et au patriotisme des généraux Mouravief Amourski et Ignatieff, préoccupe à juste titre les colons et le gouvernement. Une nouvelle guerre malheureuse contraindrait la Russie à se retirer au delà du Baïkal[3]. La province de l'Amour est la dernière base d'où peut s'établir un débouché vers l'océan Pacifique, malgré les circonstances adverses d'aujourd'hui. Les détroits de Corée et de Tsoushima appartiennent au Japon ; il en est de même pour ceux de Sangar et de Lapérouse. Il ne reste à la Russie que la partie nord du détroit de Tartarie accessible seulement à des navires calant moins de trois mètres et donnant accès dans la mer d'Okhotsk, mais vers l'Est cette mer russe est entièrement fermée par l'archipel japonais des Kouriles qui s'étend depuis l'île d'Yéso jusqu'au Kamchatka, de telle sorte que les bâti-

---

[1] *Novoe Vremia* du 6 août 1906, d'après les journaux japonais.
[2] *Ibidem.*
[3] *Novoe Vremia*, 28 juillet 1906.

ments russes ne peuvent y pénétrer qu'en passant dans les eaux japonaises.

L'alliance de la Russie avec le Japon, si désirable en 1901 et 1902 aux yeux de tous les gens sensés, serait-elle réalisable aujourd'hui? C'est plus que douteux. Les Japonais sont des observateurs attentifs et pénétrants. Ils savent ce que leurs succès ont coûté de sang et d'efforts, et n'ignorent pas à quel point les impressions durables produites chez deux grandes nations par une telle guerre, font obstacle à un rapprochement. Et ne peuvent-ils appréhender de trouver encore parmi les gouvernants russes des hommes pareils à ceux qui ont conduit la Russie aux désastres[1]?

L'histoire de l'ancien Japon ouvre des perspectives sur l'avenir du Japon moderne. Morcelé entre ses princes féodaux, affaibli par les guerres civiles, le Japon du XVIe et du XVIIe siècle n'en avait pas moins conquis une première fois la Corée, essaimé dans tous les archipels de la Sonde et jusqu'aux Indes, trafiqué par mer avec l'Amérique espagnole[2] et envoyé des navires jusqu'en Europe. Mais ces efforts manquaient d'unité. L'Espagne et le Portugal dont le prestige mondial était comparable à celui de l'Angleterre de nos jours, étaient encore maîtres des mers. La Chine envoyait des armées en Corée contre le Japon. Enfin les Hollandais admis à trafiquer à Nagasaki, cherchaient à s'assurer le monopole d'un commerce très avantageux en employant tous les moyens pour exciter la défiance des Japonais en exagérant encore la puissance et les projets de conquête des Portugais et des Espagnols[3].

---

[1] *Novoe Vremia*, 28 juillet 1906. Ces réflexions sont d'un journal russe officieux.

[2] KINKODO, *Early intercourse with Europeans*, t. III, p. 337, 1901. Itinéraire en 1611, d'un navire japonais d'Oginoshima (Japon) à Acapulco (Mexique) et de là à San-Lucar (Espagne).

[3] Même ouvrage japonais, KINKODO, t. III, p. 311, 1901. « A careful statistician estimates the total amount of gold flowing out of the country through dutch traders in 90 years of 225 000.000 (dollars) gold. (They received gold in payment at the rate of 4 to 5 in silver, which was then, the fixed standard in the country). After the shimabara rebellion, the Dutchmen constantly made efforts to keep the japonese government a live to the belief that Spain and Portugal were the greatest powers in the world, conquering country after country, both in the News World, and on the Pacific. »

C'est à ces causes multiples qu'il convient d'attribuer la politique d'isolement adoptée alors par la classe dirigeante du Japon, puissante féodalité qui avait pour chef Gongen-Sama, dont les successeurs gouvernèrent ensuite comme maires du palais ou chiogouns, pendant environ deux siècles. Les descendants actuels de cette famille, illustre dans les fastes du Japon, font partie de la Chambre des pairs, et l'un d'eux en est le président.

Contrairement à la tradition régnante en Europe, ce n'est pas en une seule fois, et comme par un décret rendu à date fixe, que le Japon s'est trouvé fermé aux étrangers, et plus particulièrement aux Européens, à l'exception des Hollandais soumis eux-mêmes à une étroite surveillance dont leurs bénéfices commerciaux ne suffisaient pas à dissimuler le côté humiliant. Yeyas (connu aussi sous le nom de Gougen-Sama) avait d'abord encouragé le commerce extérieur, toléré le christianisme, attiré au Japon les négociants de la Chine et des archipels. Les seigneurs féodaux de Kiou-Siou, en particulier celui de Satsouma, avaient suivi cet exemple.

En 1610 une convention commerciale très libérale avait été conclue entre le roi James Ier d'Angleterre et le Japon. Mais les Hollandais parvinrent à en supprimer les effets, en agissant de la même façon qu'avec les Espagnols et les Portugais[1].

D'autre part, le commerce japonais avec les archipels de la Sonde avait pris depuis le XVIe siècle une grande extension. Le chiogoun Hideyosi (Taïko-Sama) avait organisée une flotte commerciale dite du « pavillon rouge » qui trafiquait avec Manille, Amoy, Macao, l'Annam, le Tonkin, le Siam, le Cambodge, Malacca et d'autres ports[2]. Huit armateurs Japonais avaient été d'abord autorisés à faire ce commerce. Leur nombre s'éleva ensuite à 62, et le nombre de leurs navires à 179, sous le gouvernement de Yeyas. De nombreux japonais habitaient dans l'île de Luçon, plus de 3,000 dans une même ville. Leur descendance se distingue encore aujourd'hui à certains signes du reste de la population indigène[3]. Si telles étaient les relations entre le

---

[1] KINKOVO, *Early intercourse with Europeans*, t. III, p. 338 et suivantes.
[2] KINKOVO, *Early intercourse with Europeans*, t. IV, p. 115 et suivantes.
[3] KINKOVO, *Early Communications with South-Western countries*, t. IV, p. 489. — In one of these islands there is still found a tribe, « Called Horo « very brave in character, strong in constitution, much resembling the

Japon et les autres archipels à une époque où la navigation était lente, pénible et dépourvue de sécurité, on peut juger de la facilité et de l'extension qu'elle est appelée à prendre aujourd'hui, avec l'impulsion donnée à la marine à vapeur marchande du Japon, et à son commerce extérieur.

Le Japon sera-t-il dans le cas d'affirmer sa force et de se faire sa place dans le monde vis-à-vis de l'Amérique, comme il l'a fait avec la Chine d'abord, puis avec la Russie. Telle est la question que pose nettement un écrivain russe compétent[1]. « Les États-Unis pèsent sur le Japon ; ils ont pénétré dans la zone des îles que le Japon considère comme son propre continent. Par l'occupation d'Hawaï et des Philippines les États-Unis ont dépouillé l'Empire du Soleil levant de son héritage le plus cher et le plus précieux. Pourquoi le Japon attendrait-il que les riches îles de la Sonde aient le même sort ? Tous ces archipels sont de vrais royaumes, où l'on dirait que la nature a épuisé son génie, en se surpassant elle-même dans ses créations. Aujourd'hui que se fait le partage de la terre, si le Japon s'en empare il aura pour des siècles assuré la subsistance et le développement de sa race. C'est dans ces îles fortunées qu'il pourra croître et multiplier. Une seule d'entre elles suffirait à nourrir la population de toute la Sibérie. Et ces îles ne sont-elles pas le premier berceau de la race japonaise ? Elle y retrouverait son atmosphère, une nature semblable. Enfin, et c'est l'essentiel, les vastes archipels méridionaux sont particulièrement accessibles aux Japonais. C'est pour eux la ligne de moindre résistance. Les patriotes japonais sont inconsolables de s'être laissé prévenir. Les enlever à l'Espagne eût été aisé. A présent, est-ce beaucoup plus difficile ?

« Comme Carthage avec Rome, les États-Unis sont pour le Japon un nuage toujours menaçant. L'Amérique pèse de tous côtés sur le Soleil levant, elle entravera son commerce, son industrie, sa colonisation. En acceptant la médiation de Roosewelt, le Japon espérait qu'elle serait en sa faveur. Cet espoir a été déçu. Le Japon ne se serait jamais contenté de la moitié de

---

« Japonese in appearance, whom the Spanish suppose to be the descendants, « of these Japonece. »

[1] BOCVOCTE-BOCRY, *Les Orages de l'avenir*, M. Menchikoff, *Noroe Vremia* du 5 août 1906.

Sakhaline, sans l'insistance de Roosewelt. Les multiples télé-grammes dont ce président poursuivait l'empereur du Japon, le chef de la plus ancienne des dynasties, étaient d'une indiscrétion presque offensante. Les Japonais ont la mémoire longue. Pas plus qu'ils n'ont pardonné à la Russie de les avoir arrêtés dans leur guerre contre la Chine, ils ne pardonneront aux Américains d'avoir arrêté leurs triomphes en Mandchourie »..... « L'Océan est plus facile à franchir que les steppes de la Sibérie. Une flotte de cent steamers peut renouveler les invasions de Bathou-Khan. Les Japonais sont à l'étroit dans leurs îles, et cette étroitesse, qui les gêne pour le présent, les gêne encore plus pour l'avenir. L'Angleterre elle-même a beau être l'alliée du Japon, son talon vulnérable est aux Indes. Elle est encore moins préparée à la guerre que les États-Unis. Que le Japon laisse aller pendant cinq ou six ans la propagande panasiatique et on en verra les effets jusqu'à Calcutta. »

Ces réflexions peuvent avoir un côté paradoxal et exagéré, qu'expliquent le sentiment national de leur auteur et les événe-ments récents. Elles reposent néanmoins sur des faits certains, car dans les siècles passés, le monde n'avait pas connu de nation qui fût, autant que le Japon, formidable à la fois sur terre et sur mer, aussi inexpugnable chez elle et aussi bien située soit pour donner un énorme développement à son industrie, soit pour porter la guerre au loin, si ses intérêts nationaux l'exigent.

**

Mais le Japon n'est pas seul en Asie à profiter des découvertes scientifiques et de l'essor de la navigation moderne. Dès 1855, le directeur des douanes de Chang-Haï avait proposé de former, sous les auspices de l'Angleterre, une force navale chinoise, destinée à la police maritime de la douane, à la répression de la piraterie, et même à agir contre les insurgés Taïpings maîtres du cours du Yang-Tze.

L'exécution de ce plan favorisait à la fois l'influence anglaise en Chine et l'industrie des constructions navales en Angleterre ; elle plaçait la marine naissante de la Chine sous un comman-dement anglais. M. Lay, directeur des douanes avant Hart, et le capitaine de vaisseau Sherard Osborne furent chargés de l'exé-

cution de ce plan, interrompu par la guerre de 1860 mais repris
immédiatement après. L'escadre de canonnières organisée et
commandée par le capitaine Osborne fit le voyage d'Angleterre
en Chine où des influences chinoises et étrangères firent décliner
ses services, ce qui amena le départ du capitaine Osborne et le
remplacement de M. Lay par Hart[1]. C'est sous la direction de
celui-ci, et celle de Li-Hung-Chang, que fut plus tard créée la
flotte chinoise détruite ou capturée par les Japonais en 1895.

On sait que si dès le début la marine japonaise s'est illustrée
par des victoires, la marine chinoise a été moins heureuse. Une
de ses escadres a été détruite en 1885 à Foutchéou par l'amiral
Courbet ; toute la flotte chinoise a été ensuite anéantie ou
capturée par les Japonais dans la bataille du Yalou et à Weï-
haï-Weï. Les mieux situés et les plus beaux des ports chinois,
Port-Arthur, Weï-haï-Weï, Kiao-Tchéou, sont occupés aujour-
d'hui par le Japon, l'Angleterre et l'Allemagne. Ce serait cependant une erreur de croire que la Chine n'aura pas de marine, ou
que si elle parvient à en créer une, ce serait toujours une
création artificielle. Les côtes de Chine comme celles du Japon,
produisent des milliers d'excellents marins, hardis, obéissants,
sobres et disciplinés. Le grand cabotage des mers de Chine qui
est fait par des steamers sous pavillon anglais, allemand et
américain n'a pour ainsi dire que des équipages chinois. Les
officiers et les mécaniciens seuls sont des blancs. Le prix d'entretien de ces équipages est bien inférieur à celui des marins
européens. Du Nord au Sud, les mers de Chine sont sillon-
nées de jonques souvent d'un très fort tonnage auxquelles
la régularité des moussons permet de naviguer et de trafiquer
dans les archipels, dans l'Indo-Chine, au Siam et dans les
détroits. Sur les côtes du Fokien, dans le détroit de Formose,
dans les estuaires des fleuves, les grands steamers venant
d'Europe passent au travers de milliers de jonques de toutes
dimensions qui affrontent le ge même par les plus gros temps
La piraterie constitue souvent autant que la pêche ou le commerce leurs moyens d'existence, et les croiseurs européens ont
souvent fort à faire pour les réprimer. Outre cette énorme popu-

---

[1] Parmi les influences hostiles aux marins anglais, paraît avoir été celles
de M. Burlingame, ministre des Etats-Unis (GUNRACH, p. 195 et suivantes).

lation maritime, il existe encore sur les grands fleuves comme le Yang-Tsé, une quantité considérable de bateliers. — Comme pour l'armée de terre, ce qui manque à la marine chinoise ce sont des cadres d'officiers et de maîtres, ainsi que des mécaniciens et le personnel technique des arsenaux. Si le Japon jugeait à propos de fournir un jour ce personnel à la Chine, la marine chinoise se créerait peut-être encore plus vite que son armée, en raison de la facilité du recrutement des équipages de haute mer.

Un grand nombre des vapeurs qui naviguent sur les côtes et remontent le Yang-Tze sont sous pavillon européen, alors qu'ils appartiennent en réalité à des armateurs chinois devenus principaux actionnaires des compagnies de navigation.

Lors de la conquête tartare au XVIIe siècle, les populations maritimes lui opposèrent une résistance acharnée dont la dynastie actuelle eut la plus grande peine à venir à bout, dépourvue qu'elle était de moyens d'action maritimes.

Cependant à des époques antérieures, les souverains mongols avaient tenté d'étendre aussi leurs conquêtes par mer. La grande flotte organisée par Koublaï-Khan pour l'invasion du Japon en 1280 avait déjà occupé les îles d'Iki et de *Tsoushima*, quand elle fut détruite par un cyclone comme l'armada espagnole de 1588 contre l'Angleterre.

Aujourd'hui, les ressources du Japon sont consacrées au développement de sa propre marine, mais les arsenaux japonais travaillent aussi pour la Chine et ont lancé en 1906 des canonnières pour le compte du gouvernement chinois [1].

*
* *

Pendant la seconde moitié du XIXe siècle, la conquête du monde par les races européennes, semblait être passée à l'état d'axiome, mais les conventions conclues entre certains gouverne-

---

[1] *Japan Times* et *Jiji Chimpo*. Les Dockf-yard Kawasaki, après avoir construit un phare flottant (bateau feu) pour la Corée et un yacht pour le roi de Siam, construisent pour le Siam trois torpilleurs et un contre-torpilleur. Pour le vice-roi Chang-chi-tong, six canonnières de 740 tonnes et quatre torpilleurs livrables, partie à la fin de 1906 et le reste en avril 1907 ; enfin, pour le vice roi Tcheoufou, trois canonnières livrables en 1907. Cet arsenal de Kawasaki est une industrie privée.

ments européens pour le partage du globe, ne paraissent-elles pas devoir rappeler un jour cette bulle du pape, qui, pour éviter les discordes entre princes chrétiens, partageait jadis le monde connu entre le Portugal et l'Espagne. Alors, comme aujourd'hui, il était déjà question d'hinterlands, de sphères et de zones d'influence. Depuis cinquante ans, la supériorité de l'organisation et de l'armement militaires et navals, le succès des premières expéditions lointaines, le prestige qu'elles donnaient aux nations européennes devant le reste du monde, surtout en Asie et en Afrique, semblaient devoir assurer la durée et la continuité de ces entreprises.

D'autres perspectives s'ouvrent aujourd'hui aux yeux de ces nations, et les obligeraient, s'il en est encore temps, à faire un retour sur elles-mêmes. Elles ne peuvent cacher à leurs vassaux et à leurs protégés des tares sociales qui ne vont pas en diminuant. Elles ne parviennent pas à leur persuader qu'elles leur apportent des principes de justice et d'équité qui n'existent pas chez elles-mêmes vis-à-vis de leurs propres nationaux. Elles sont armées jusqu'aux dents, mais profondément divisées entre elles et livrées aux incessantes excitations de la politique anglaise pour les lancer les unes contre les autres. L'énorme accumulation de capitaux produite en Europe par l'industrie et le commerce au XIX° siècle, a sans doute été aussi un grand élément de supériorité et d'influence extérieures. Elle a favorisé des conquêtes et des entreprises, celles surtout de l'Angleterre. Mais à côté de ces succès, que de mécomptes, de catastrophes, de ruines et d'affaiblissement! On pourrait dire que les allégories du monde antique manifestent encore de nos jours, leur vérité et leur sens profond. L'audace, l'activité, le génie de Mercure, fils de Jupiter et de Maïa, produisent et accumulent des richesses immenses. Il y préside dans l'époque moderne comme aux temps de l'Hellade et de Rome, mais c'est Plutus qui les distribue et en fait des placements que sa cécité peut seule expliquer. L'Europe moderne, la France, en particulier en présentent des exemples nombreux et aussi probants qu'instructifs.

La Pénétration japonaise sur le continent asiatique et ses Conséquences.

Comme les versets du Coran pour l'Islam, le langage idéographique constitue pour les nations d'Extrême-Orient un moyen universel de ralliement et d'intelligence. Japonais, Chinois, Annamites peuvent à première vue, non pas converser de vive voix, mais se comprendre au moyen de caractères ou signes formés rapidement, même sans laisser de trace écrite[1].

De là, l'importance du lettré qui exerce une influence morale, à laquelle s'ajoute celle de la puissance publique, s'il est mandarin. Sa supériorité n'est pas basée sur la connaissance d'une langue morte, mais sur l'ascendant que lui donnent celles des langages écrit et parlé, dans toutes leurs nuances, jointes à celles des lois, des coutumes, des rouages d'une bureaucratie qui applique invariablement des maximes de gouvernement consacrées par des traditions séculaires et respectées comme de véritables dogmes. Il a fallu les victoires du Japon, et après ces victoires l'enseignement japonais, pour modifier un état de choses sur lequel l'*Europe n'a en réalité aucune prise*.

Il est à craindre que la création récente d'une *université indochinoise* ne fournisse la démonstration de ce fait, de même qu'on l'a vu pour le *Tong-wen-Kouan* ou université de Pékin, qui n'a jamais, malgré le talent de ses professeurs européens, dépassé le niveau d'une médiocre école primaire.

Comme instruction de l'armée, il ne sera jamais possible à

---

[1] Ces signes se tracent habituellement avec l'index de la main droite sur la paume ouverte de la main gauche.

des Européens, si capables soient-ils, de former des cadres et d'instruire des troupes tartares ou chinoises avec la même facilité que les Japonais. Ceux-ci peuvent en effet joindre sans difficulté, à l'instruction théorique et pratique des cadres et de la troupe, la rédaction des ordres, ainsi que celle des règlements ou manuels qui sont nécessaires dans une armée. Des instructeurs ou professeurs européens peuvent rarement se passer d'interprètes ; or, il est indispensable que ces interprètes soient déjà suffisamment instruits eux-mêmes pour rendre avec intelligence et clarté un enseignement dont ils sont l'intermédiaire.

Cette difficulté, capitale pour l'Européen, n'existe en Chine, ni pour l'officier, ni pour le professeur japonais, ou du moins elle se trouve réduite dans des proportions considérables, grâce au langage, ou plutôt au mécanisme idéographique. Or, la langue japonaise a résolu le problème d'être à la fois idéographique comme celle des Chinois, et phonétique comme les langues européennes. C'est ce qui explique la facilité relative avec laquelle les Japonais ont pu reproduire, non seulement dans leur enseignement oral, mais aussi dans leurs livres, tout ce qui concernait les sciences de l'Europe. Une langue purement *idéographique* n'aurait évidemment pu exprimer par ses signes symboliques des *idées* inconnues, ni en trouver non plus l'expression dans le langage parlé, qui lui est comme parallèle et juxtaposé, sans avoir avec elle le lien étroit des langues phonétiques.

Bien avant l'ère du Meï-ji, la langue japonaise avait commencé à subir les transformations qui lui ont permis de s'adapter à toutes les sciences, et donnent la facilité de publier des livres ou des journaux dans lesquels le français, l'anglais ou l'allemand sont juxtaposés à l'écriture japonaise, en se complétant réciproquement.

Les écritures semi-idéographiques, semi-phonétiques japonaises, connues sous le nom de katagana et hiragana ont été employées depuis fort longtemps, d'abord dans les transactions courantes, et ensuite quand il s'est agi d'adapter la langue nationale à l'enseignement des sciences, des arts, des idées européennes. Des savants comme Araï Akouseki au XVIIIᵉ siècle, auteur du *Saïran Igera* ou Géographie universelle, continuaient à étudier le monde extérieur. Plus tard, et bien avant l'accès complet des Européens au Japon, Otsouki Gentakou joignait à l'enseignement du hollandais celui des langues anglaise et russe. En 1848, Mourakami Eishun organisait l'enseignement du français, qui était parlé par un assez grand nombre d'officiers japonais lors de l'arrivée, en 1866, des instructeurs militaires demandés par le Japon à la France.

**

Ces précédents peuvent expliquer d'une part, la facilité avec laquelle la jeunesse japonaise est venue s'instruire en Europe ou en Amérique, et de l'autre, l'extension rapide des universités japonaises. Elles sont aujourd'hui célèbres dans toute l'Asie et exercent leur attraction sur les diverses nationalités d'Extrême-Orient. On compte à Tokyo 13,000 (treize mille) étudiants chinois. Sous la direction de professeurs japonais s'est formée une société d'étudiants orientalistes qui comprend des Chinois, des Mantchous, des Mongols, des Coréens, des Siamois, des Malais des Philippines, des Bengalais et Indous de diverses races. Le but de cette société est d'encourager, sous l'égide du Japon, les idées d'indépendance et de panasiatisme dont il a été l'initiateur[1].

Cette propagande ne paraît pas rester sans écho. Elle est populaire dans les Indes anglaises. Un correspondant écrit à l'*Eastern World* que l'influence du Japon a réveillé les millions d'habitants du Bengale, ruinés et méprisés mais ayant encore foi dans l'avenir. Il faut remarquer que les *écoles militaires sont au Japon absolument distinctes des universités*. Elles sont dotées d'un enseignement et d'une discipline qui les distinguent des autres établissements d'instruction.

Les réformes militaires du Japon et, en particulier, la loi de 1872 sur le recrutement qui a réalisé le problème de la nation armée, peuvent suggérer aisément au gouvernement de Pékin d'imiter cet exemple, en rajeunissant les institutions militaires

---

[1] *Novoe Vremia*, 15 septembre 1906. — Les étudiants chinois sont admis dans l'École de commerce maritime de Tokyo. On ouvre des écoles pour les jeunes filles chinoises. Une école professionnelle a été fondée à *Amoy* en Chine par des Japonais (*Novoe Vremia*, 21 septembre 1906).

tartares plus ou moins tombées en désuétude, mais qui ont en somme assuré au XVIIe siècle la conquête mantchoue, et réalisé ensuite la domination ou protectorat de la race conquérante sur la totalité de la Chine.

Le Kioun-Ki-tchou ou grand conseil présidé par le souverain et qui se réunit tous les jours *vers six heures du matin ou même plus tôt*, était primitivement le conseil des chefs militaires tartares, une sorte de conseil supérieur de la guerre[1].

Il n'est pas étonnant que le prince K'ing, ancien président du Tsung-li-yamen et qui dirige à la fois le ministère des affaires étrangères et celui de la guerre, veuille, d'accord avec Yuen-chi-Kaï, qui est dans les mêmes idées, rattacher à cette institution les réformes militaires en Chine, et préfère des instructeurs japonais aux Européens, pour les raisons importantes exposées plus haut : unité de doctrine, facilités pour la rédaction des lois et règlements militaires dans la langue du pays, enfin possibilité de poursuivre ces réformes à l'abri de toute immixtion extérieure, et comme à l'insu même des nations européennes. Les instructeurs européens, surtout les officiers allemands, appelés par Li-hung-chang vers 1880, avaient obtenu des résultats appréciables dans l'instruction de détail des troupes ; ils avaient aussi fortifié certains points du littoral, Port-Arthur, Wei-haï-wei, Changhaï Kouan, mais leurs efforts avaient échoué quand il s'était agi de créer des écoles militaires et de former des cadres suffisamment instruits. Un certain nombre d'officiers chinois ou tartares envoyés en Allemagne faisaient exception, mais ils étaient peu nombreux et manquaient de l'autorité nécessaire pour faire prévaloir des réformes utiles.

Il est fort possible que le gouvernement de Pékin, comme il y a encore peu d'années celui du Japon, fasse venir un certain nombre de professeurs ou d'officiers spécialistes, probablement allemands, mais ils ne pourront avoir qu'un rôle secondaire comparativement aux avantages de tout genre que présente l'emploi des instructeurs japonais, surtout avec la communauté d'idées, de mœurs, de race et d'usages qui existe entre le Japon et la Chine.

---

[1] MAYERS, *The Chinese Government*, p. 12.

Indépendamment de l'instruction technique, il y a dans toute armée digne de ce nom un élément qui fait souvent défaut chez le Chinois, celui de la fierté nationale et de l'esprit de corps. Ces qualités sont développées à un si haut degré dans l'armée japonaise que les troupes chinoises, formées à son image, ne pourront manquer de s'en ressentir. Rien d'ailleurs n'est négligé pour entretenir et fortifier ces traditions. C'est ainsi que des régiments japonais, qui avaient pris part aux batailles de Mantchourie, ont été rapatriés et remplacés par de nouveaux contingents, uniquement dans le but de montrer aux jeunes soldats les champs de bataille illustrés par la valeur japonaise.

Plusieurs milliers [1] d'orphelins de la guerre ont fait le même voyage sous la conduite d'officiers et de professeurs, pour qu'on leur fit visiter les tombes de leurs pères, et y accomplir les rites du culte des ancêtres. Il y a là autre chose que des questions de débouchés commerciaux ou d'excédents de population à nourrir.

Les réformes que les hommes d'État japonais suggèrent à Pékin ne portent pas seulement sur la création d'une armée et d'une marine. Elles s'étendent aussi au système financier.

En vue d'accroître les ressources gouvernementales, Hart avait proposé d'augmenter l'impôt foncier qui est très faible en Chine. Sans repousser cette idée, les Japonais en ont apporté d'autres, par exemple, celles de l'établissement de contributions indirectes, telles que le monopole de l'opium, créé par eux à Formose, et par les Français en Indo-Chine. On n'empêchera jamais les Chinois de fumer l'opium, et cette funeste denrée sera toujours, sous une forme licite ou illicite, l'objet d'un commerce considérable [2].

* *

L'habile politique du gouvernement chinois a toujours cherché à empêcher les musulmans de l'empire de se constituer en corps

---

[1] 5,000, d'après les journaux russes et japonais.
[2] Quels que soient les édits publiés contre ce poison, depuis l'*opium war* de 1842 jusqu'à l'époque actuelle, sa production est plutôt allée en augmentant ; si l'importation anglaise des Indes est allée en décroissant, c'est plutôt par suite de la concurrence et du bas prix de la production indigène chinoise, que pour tout autre motif.

de nation. Elle y est parvenue pour ceux qui habitent les provinces de l'Est et du Centre, mais beaucoup moins pour ceux de l'Ouest, du Turkestan chinois et du Sud-Ouest, dont les révoltes périodiques n'ont été domptées qu'à grand'peine [1].

Le nombre des musulmans qui habitent au nord du Yang-Tzé dépasse 10 millions. Dans certains centres ils forment le tiers de la population [2], à Pékin et aux environs, il y en a 200,000. Depuis que la navigation à vapeur a pénétré à peu près partout, un grand nombre de pèlerins vont à la Mecque comme les musulmans des archipels malais. Ces voyages ne peuvent que propager chez eux des notions sur l'Occident et même sur l'Europe. Ces musulmans de l'intérieur de la Chine ont, dans une certaine mesure, subi l'ascendant des lois et des coutumes chinoises. Leur mollahs n'ont qu'une faible connaissance de l'arabe. Comme la traduction du Koran en d'autres langues est sévèrement défendue aux vrais croyants, ils vénèrent le livre sacré sans pouvoir le lire ou le commenter, ce qui d'autre part soustrait dans une certaine mesure leur culte à l'influence et à la critique des lettrés chinois.

Les musulmans de l'Ouest, du Turkestan et de Kachgar sont en grande partie d'origine turque ou Ouïgour. Leurs origines ethniques et leurs dialectes les rattachent aux Tatars de Russie, aux musulmans du Turkestan russe, et aux Osmanlis. Ces communes origines exercent aujourd'hui une influence appréciable et imprévue sur ces populations [3].

Les mahométans de Hami et de Tourfan qui sont, eux, d'origine mongole, ont une organisation semblable à celle des bannières féodales mongoles, comme les Khalkas ou les Kalmouks (Eleuths) dont certains chefs (djassaks) sont assimilés aux princes de la famille impériale tartare [4]. Ceux des musulmans

---

[1] Jehangir, 1825-1827; Yakoub-Beg, 1866-1877 au Turkestan; Match-Sing (sultan Suleyman) 1855-1873 dans le Yunnan.

[2] Wilh WILLIAMS, *The middle Kingdom*, tome II, p. 271.

[3] Voir le *Journal des Sciences militaires*, mai 1906, p. 172 et suiv.

[4] Un de ces princes mongols, qui est allé faire un séjour à Tokyo pour compléter son instruction militaire, déclarait qu'il était allé chercher au Japon le moyen de défendre ses territoires qui sont voisins de Koul-lja (*Noroe Vremia*, 18 octobre 1906).

turco-chinois du Turkestan et de Kachgar portent le titre de bey (beg) et sont répartis suivant leur importance en six catégories [1].

Toutes ces populations sont, par des origines ethniques et par les dialectes, non moins que par le lien religieux, reliées aux musulmans russes qui constituent la presque totalité de la population du gouvernement d'Orenbourg (un million, ou 99 p. 100 de la population totale), des territoires kirghises (environ 600,000), du Caucase (environ 2 millions). Dans les gouvernements de l'intérieur de la Russie et surtout dans l'Est, la proportion, un peu moins forte, est cependant considérable (près de 500,000 ou 27 p. 100 de la population dans le gouvernement de Kazan, près de 100,000 dans celui de Perm, 200,000 dans celui de Samara [2]), etc. Le gouvernement russe a toujours ménagé ces populations, sans intervenir dans leurs coutumes et leur statut personnel.

Dans l'armée et dans l'administration, les grades les plus élevés sont accessibles à des musulmans. Le fils de Chamyl, après avoir servi dans la garde impériale, est parvenu au grade de général-major, comme le chef kirghise Djiugis qui faisait remonter ses origines à Gengiskhan.

Si les musulmans russes du Caucase ont pris part récemment aux soulèvements et aux massacres de cette province, ceux de l'intérieur et du Turkestan paraissent avoir respecté la paix publique et la légalité. Après avoir hésité quelque temps, le gouvernement russe a permis à leurs notables de se réunir pour formuler leurs demandes de réforme et préparer leur participation aux élections de la future Douma [3].

---

[1] Akim-beg (gouverneur), Iskan-beg (vice-gouverneur), Chan-beg (receveur d'impôt), Katsanachi-beg (vice-receveur), Hatsi-beg (juge), Mirabou-beg (inspecteur d'agriculture). — (MATENS, The Chinese Goverment).

[2] Voir la statistique militaire de l'Empire russe, publiée sous la direction du général Obroutcheff.

[3] Au mois de septembre 1905, le Ministre de l'intérieur a autorisé une assemblée générale des musulmans russes à Nijni-Novgorod. Les questions à soumettre à cette assemblée sont comprises dans le programme suivant :

1° Répression par la prédication et la presse des enseignements contraires à la véritable doctrine du mahométisme;

2° Nécessité de réformer les écoles élémentaires musulmanes, les mektebs et les médressés. Administration de ces établissements remise par le clergé musulman aux membres de la communauté;

3° Réorganisation du clergé musulman inférieur et supérieur, moyens de

.*.

Il n'y a pas encore un demi-siècle d'écoulé, depuis que les derniers descendants des grands Mogols, de Baber et d'Aureng-
Zeyb ont été, sans jugement, mis à mort dans un faubourg de
Delhi[1], pour les empêcher de se mettre à la tête du soulèvement de 1857 contre la domination anglaise. Depuis lors, le
souverain anglais est devenu empereur des Indes, et les conquêtes anglaises se sont étendues en Asie avec un essor ininter-
rompu, couronné par l'alliance du Japon victorieux.

Mais avec le temps, les populations conquises ont repris conscience d'elles-mêmes. C'est au nom d'une population musulmane de 62 millions d'âmes qu'une députation de notables
choisie par elle s'est présentée au vice-roi des Indes, lord Minto,
le 1er octobre 1906, pour réclamer la part qui leur est due équi-
tablement dans la gestion de leurs affaires, et dans le gouvernement de leur pays[2].

Dans une réponse habile et mesurée, le vice-roi leur fit connaître qu'il approuvait leurs revendications au point de vue des
garanties constitutionnelles, et que le gouvernement de la métropole recherchait les moyens d'établir une transition entre le
système administratif ou bureaucratique actuel et une forme
constitutionnelle de gouvernement. « Je voudrais, dit-il, pouvoir
« introduire aux Indes les institutions représentatives de l'Occi-
« dent, dans toute leur étendue, malgré les instincts et les tra-

lui donner une instruction conforme aux principes de la foi et de la tolérance
islamiques ;

4° Ressources financières, nécessaires pour les écoles et le clergé ; emploi des
biens vakoufs inaliénables, légués dans ce but par des bienfaiteurs musulmans.

Les récentes commotions politiques avaient empêché le gouvernement russe
de donner suite aux desiderata formulés à diverses reprises par les commu-
nautés musulmanes de l'empire. C'est sur l'initiative de M. Ibrahimoff, éditeur
du journal tatar *Oulfot*, et promoteur du mouvement qui vient d'aboutir à
l'autorisation ministérielle précitée, que les musulmans russes, après s'être
abstenus de prendre part aux agitations révolutionnaires, ont formulé leurs vœux
dans le programme de réformes ci-dessus.

[1] Voir au sujet de ce drame les récits du temps et de l'*Indian Mutiny*.

[2] *Daily Telegraph* et *Novoe Vremia* du 8 octobre 1906.

« ditions des races orientales. C'est pourquoi j'adopte les con-
« clusions de votre requête, en pensant toutefois que cette repré-
« sentation devrait être organisée, non sur la base du suffrage
« universel et direct, mais en rapport avec les différences qui
« existent entre les classes, les races et les religions. »

. Des événements imprévus, une grande guerre européenne par
exemple, pourraient différer plus ou moins longtemps la réalisa-
tion de ces promesses, mais elles n'en sont pas moins la preuve
de l'agitation profonde causée dans toutes les populations de
l'Asie par la guerre russo-japonaise, agitation à laquelle, outre
les musulmans, prennent part les autres classes et races de
l'Inde, telles que les Parsis et les Indous, souvent sous une forme
beaucoup moins mesurée [1].

L'Oriental, le musulman en particulier, est patient et fataliste.
Il se résigne au joug d'un conquérant qui se montre juste à son
égard, qui respecte ses coutumes et sa religion. Il faut cependant parfois peu de choses pour lui faire écouter le mollah, le
derviche ou le marabout qui sait évoquer, en même temps que
des griefs plus ou moins réels, les souvenirs d'un passé glorieux
et d'une grandeur évanouie. Un des motifs invoqués par les
meneurs de la grande insurrection militaire des Indes en 1857,
n'était-il pas de dire aux cipayes musulmans, que leurs cartou-
ches étaient préparées avec de la graisse de porc, animal impur,
et aux cipayes indous qu'elles l'étaient avec de la graisse de
vache, animal sacré. C'est en propageant des bruits semblables,
que les indigènes de l'Inde boycottent aujourd'hui et frappent
d'interdit certaines marchandises anglaises, denrées alimen-
taires ou autres [2].

*
* *

Dans quelle mesure les institutions parlementaires, octroyées
par des conquérants, par les représentants d'une domination
étrangère, peuvent-elles, d'une part, être sincères, et, de l'autre,
s'accorder avec la doctrine de l'Islam, avec le Koran ? L'expé-

[1] *Novoe Vremia*, 8 octobre 1906. — *Nationalnoe dvijenie v' Indii* (le Mouvement national aux Indes).
[2] *Novoe Vremia*, 8 octobre 1906.

rience n'a pas encore eu lieu ; celle de l'assemblée représentative égyptienne serait plutôt faite pour inspirer des doutes. Elle
se réunit une fois par an, pendant quelques jours, pour écouter
en silence la lecture du budget et des lois nouvelles édictées par
le gouvernement, c'est-à-dire par lord Cromer.

Il existe à Londres une société ou union panislamique fondée
par des Indous musulmans, et à laquelle se sont affiliés des
Malais, des Afghans, des Syriens et, enfin, des Égyptiens, qui
sont parfaitement au courant de tout ce qui se passe sur le littoral de l'Afrique méditerranéenne et jusqu'au Soudan [1]. Certains
d'entre eux ont reçu une éducation européenne complète, ont
des manières distinguées, et s'expriment parfaitement en français. D'autres, sont plus orientaux, mais sérieux et instruits. Ils
peuvent aussi, quoi qu'avec plus de difficulté, s'exprimer aussi
en français. Les uns, comme les autres, affirment qu'en Égypte,
comme en Tunisie, au Maroc comme au Soudan, tout le monde,
jusqu'au bas peuple, qui n'avait jamais ouï parler du Japon, qui
ne sait même pas où il est, se réjouit hautement de la victoire
d'une nation asiatique sur les Européens et les chrétiens. Les
Égyptiens à idée libérales voudraient obtenir des garanties
constitutionnelles sous l'hégémonie anglaise, mais ceux à opinions conservatrices n'ont souci d'aucune constitution pour
l'Égypte, ils veulent le départ des Anglais, et le rétablissement
des droits du padischah, du kalife, du commandeur des
croyants. Après quoi, non moins énergiquement que les libéraux, ils voudraient voir l'empire ottoman tout entier choisir ses
élus pour seconder le kalife dans l'intérêt général de l'Islam.
L'Égypte n'a-t-elle pas été jadis le pays où s'était conservée et
régénérée la foi musulmane préservée par ses saints et ses der-
viches ; Abdul-Hamid ne prend-il pas conseil des docteurs
d'Égypte ? Les panislamites sont fermement convaincus que la
sagesse du kalife, aidée par eux, délivrera bientôt le monde
musulman du joug des infidèles, et en refera l'unité.

---

[1] *Noroe Vremia*, 13 septembre 1905. — *Les constitutionalistes égyptiens
et les panislamites* (*Is begiède ç eçnipelskimi konstitulsionalistami i panislamis-
tami*). On voit par là que les hommes d'État anglais ne se bornent pas à
inviter à Londres les conseillers municipaux des grandes villes du continent, ou
des notabilités parlementaires.

Ces symptômes justifient l'avis du chef du *Foreign Office*, disant que la situation en Égypte peut devenir dangereuse. Les libéraux des bords du Nil cherchent à convaincre ceux des bords de la Tamise qu'il faut accorder à l'Égypte une constitution modérée, et ils se taisent sur l'occupation anglaise. Les panislamites voient dans l'Angleterre le suzerain de 70 millions de musulmans, et voudraient voir un rapprochement s'effectuer entre elle et le kalife. Le *Foreign Office* ne répond ni aux uns ni aux autres, il se borne à renforcer ses garnisons, à surveiller les écoles et à exercer une censure vigilante sur les journaux de langue arabe [1]. Mais l'Égypte a trop de liens avec l'Asie pour rester aujourd'hui volontairement immobile sous la domination anglaise, alors que toutes les nations asiatiques l'une après l'autre tentent de recouvrer leur indépendance, avec le droit de se gouverner elles-mêmes. Comment les musulmans indous de l'union panislamique de Londres peuvent-ils concilier les mesures coërcitives prises en Égypte avec les promesses du vice-roi des Indes à leurs coreligionnaires du Bengale ou du Pendjab ? La grandiose hospitalité anglaise peut les fasciner plus ou moins et amortir leurs revendications ; elle n'empêche pas Port-Saïd, Suez et Le Caire de voir le transit incessant de l'Asie et de l'Afrique avec l'Europe : pèlerins pour la Mecque, de toutes les régions de l'Afrique et de l'Asie ; Chinois, Japonais, Asiatiques de toute provenance, aux yeux desquels l'Européen, même Anglais, ne conserve plus le prestige et l'ascendant qui faisaient sa force.

« Une guerre européenne fera les affaires de la Chine [2] », disait il y a vingt-cinq ans le directeur de la douane anglo-chinoise, Robert Hart, alors à l'apogée de son influence près le gouvernement de Pékin. Les événements ont surpassé cette espérance. Au XVIe siècle, l'Asie n'avait fait que se refermer devant l'Europe. Au XXe siècle elle prend l'offensive. Après le désastre de la Russie, il peut suffire d'une grande guerre européenne, pour mettre les nations du Continent européen dans une situation qui équivaudrait à un suicide, au point de vue de leur action et de

---

[1] *Novoe Vremia*, 13 septembre et 8 octobre 1906.
[2] An European War, will be China's opportunity.

leur influence extérieure dans le reste du monde, pour longtemps, peut-être pour toujours.

L'Angleterre elle-même est-elle sûre que les guerres entre
nations continentales de l'Europe, consolideraient aujourd'hui
son empire commercial et maritime? La Russie menaçait, dit-on,
les Indes; or elle n'y a jamais fait naître des démonstrations et
des revendications comme celles qui s'y produisent aujourd'hui.
Les étudiants indous de Tokyo proclament l'émancipation de
leur pays sous l'étendard de la liberté. Des dépêches de Tokyo
disent que « le rapprochement entre le Japon et les Indes se
« fortifie sur le terrain de la civilisation, de la religion, et du
« commerce[1] ». Des prêtres indous échangent avec ceux du
Japon des visites, facilitées par des remises sur les tarifs des
steamers japonais. « L'association indo-japonaise est aussi
« populaire au Japon qu'à Calcutta », où, d'après des dépêches de
Londres, vient de se produire une grande manifestation de 20,000
(vingt-mille) indigènes, dans laquelle musulmans et Indous réunis ont proclamé « l'aurore de la résurrection », le retour de
l'Asie aux Asiatiques. Ces tendances et ces projets ne sont plus
les rêves de réformateurs isolés ; ils se manifestent aujourd'hui,
hardiment au grand jour, et dans le domaine des faits.

---

[1] *Novoe Vremia*, 18 octobre 1906.

Le Réveil de l'Asie et les Impérialismes.

Dans la conclusion de son ouvrage[1] sur la guerre russo-japonaise, le général Kouropatkine énumère les ressources formidables que présentait l'armée russe de Mandchourie au mois d'août 1905. Les effectifs atteignaient près d'un million de combattants ; au lieu de trois trains au début par vingt-quatre heures dans chaque sens, le Transsibérien pouvait en fournir douze. Les troupes étaient aguerries et pourvues de tous les moyens d'action possibles : mitrailleuses, artillerie de gros calibre, téléphones, télégraphes, télégraphie sans fil, matériel des chemins de fer de campagne. Trois cent mille hommes instruits avaient comblé les vides faits par la guerre. A la tête des armées et de toutes les unités se trouvaient des chefs capables et expérimentés. Les

---

[1] Comme on le sait, cet ouvrage est divisé en quatre parties ou volumes : 1° Liao-Yang; 2° le Cha-ho; 3° Moukden, et enfin 4° le Résumé de la guerre. Les trois premiers volumes contiennent la relation des trois principales époques de la guerre. Les ordres, statistiques, rapports et autres documents ont été réunis par le colonel d'état-major Volkovitnikoff.

Le volume sur Moukden débute par un exposé du plan établi en novembre 1903 et de la répartition des troupes en Extrême-Orient, en vue de la guerre qui paraissait inévitable avec le Japon. Dans ce plan, la défense de Port-Arthur ne comportait que 16 (seize) bataillons par suite de l'idée exagérée qu'on avait de la supériorité russe et de celle de la flotte russe du Pacifique. Un échec sur mer n'était même pas envisagé comme possible. « La décision « de limiter à 16 bataillons l'effectif des troupes destinées à la défense du « Kouan-toung avait été prise malgré l'avis de la conférence tenue en juin « 1903 ; le général Kouropatkine, alors ministre, venait d'inspecter cette « place. Cette conférence à laquelle prirent part l'amiral Alexeïef et les chefs « de service de la place avait demandé des effectifs plus élevés et des mesures « plus efficaces pour la défense, mais l'amiral objecta que les opérations d'un « détachement japonais contre la place ne pourraient avoir d'avantages que « dans le cas d'une attaque imprévue et soudaine dont le moment était déjà « passé. »

armées étaient prêtes à l'offensive, et le généralissime Linévitch n'attendait plus que les derniers renforts.

Dans ces conditions, la victoire des Japonais à Moukden pouvait se comparer à la bataille de Borodino en 1812 pour l'armée de Napoléon. Les Russes avaient battu en retraite, mais l'adversaire, épuisé par ses pertes, n'avait pu continuer son offensive avec la même intensité. Enfin, il est à remarquer que l'armée de Mandchourie ne constituait qu'une partie des forces militaires de la Russie, tandis que les armées japonaises avaient appelé sous les drapeaux tous les hommes disponibles et instruits, sans pouvoir compter sur des réserves comparables à celles de leur adversaire.

Telles sont les considérations présentées par le général Kouropatkine sur la situation réciproque des belligérants, et d'où il semblerait résulter que la continuation de la guerre aurait pu, dans une certaine mesure, modifier le résultat des victoires du Japon.

*
* *

Mais d'autre part, l'homme d'État qui, après avoir eu une part considérable dans la transformation économique de la Russie et dans son gouvernement, a été chargé par l'empereur Nicolas des négociations de Portsmouth, le comte Witte, a fait connaître publiquement à son tour quelle était son opinion et quelles graves raisons militaient d'après lui en faveur d'une paix immédiate. « Dans une interview récente[1], il déclare connaître des faits et des données permettant d'affirmer que la continuation de la guerre n'aurait pas donné de meilleurs résultats. Sa conviction profonde est *qu'après la perte de la flotte* le succès de la guerre devenait une impossibilité. « Le général Kouropatkine, en par- « tant pour l'armée, ne comptait-il pas ne conclure la paix qu'à « Tokio ? » fait remarquer le comte Witte.

« Si, après avoir reculé pendant toute une année sur terre on était parvenu à remporter quelques victoires, les Japonais n'en auraient pas moins été les maîtres de toute l'île de Sakhaline et de la région de l'Oussouri. On ne peut plus regarder le Japon

---

[1] *Novoe Vremia* du 2 mars 1907.

comme une nation capable de craindre une défaite sur terre
après qu'elle avait remporté toute une série de victoires et était
finalement maîtresse de tout le littoral depuis Port-Arthur jusqu'aux bouches de l'Amour et au delà. Si la précédente politique
militaire du général Kouropatkine consistait à offrir aux Japonais
une série de batailles de Borodino, pourquoi ne pas s'attendre
aussi à voir les Japonais être assez habiles pour nous présenter
aussi de leur côté une succession de batailles de Borodino en se
repliant sur le Yalou et la presqu'île de Port-Arthur? Quels
qu'eussent pu être nos succès, nous n'aurions jamais eu le pouvoir de franchir le Yalou, de reconquérir le Kouan-toung, l'île
de Sakhaline et le littoral de l'Oussouri sans posséder une flotte.
Mon avis, dit le comte Witte, est que la comparaison faite par
Kouropatkine de Moukden et de Téline avec Borodino n'est pas
exacte, car Borodino, Moscou et Smolensk, c'était la Russie.
Derrière Borodino il y avait la nation russe, tandis que Téline,
Moukden et le Cha-ho *sont en Mandchourie,* et qu'on n'y a pas
affaire au peuple russe, mais au peuple chinois qui, de l'aveu
même de Kouropatkine, *nous est hostile* et, *à mon avis, par notre
faute.* Enfin, en laissant de côté les considérations stratégiques,
ma conviction est que nous ne pouvions plus continuer la guerre,
en raison de la situation intérieure de la Russie. »

Après avoir ainsi exposé la manière de voir du comte Witte,
en répétant ses propres expressions, son interlocuteur[1] ajoute
que des hommes compétents dont il ne reproduit pas l'opinion,
n'attachaient pas tant d'importance à la flotte, soit au début de
la guerre, soit même après sa perte. Mais il remarque également
que si le comte Witte avait pu prévoir, même seulement en partie,
ce qui est survenu en Russie après le traité de Portsmouth, il
eût sans doute fait tous ses efforts pour ne pas le conclure. Il a,
dit-il, eu connaissance des délibérations qui ont eu lieu avant le
départ du comte Witte pour l'Amérique. L'empereur seul,
disait-on, était pour la continuation de la guerre, tous ses conseillers penchaient pour la paix. En cas de succès, ceux-ci
n'attendaient du renouvellement des hostilités rien de plus que
la retraite des Japonais sur la Corée. Cette retraite, si elle avait

---

[1] Le directeur du *Novoe Vremia*, M. Souvorine père, 2 mars 1907.

lieu, aurait coûté d'énormes sacrifices en hommes, en argent, et n'aurait pas duré moins d'une année. On peut dire cependant que si les hypothèses ne sont que des hypothèses, l'opinion des généraux Kouropatkine et Linévitch, sans parler d'autres chefs militaires moins connus, ne présente en elle-même rien d'invraisemblable ou de téméraire. Il serait intéressant que le comte Witte voulut bien divulguer les documents dont il a parlé. Il est difficile pour une aussi grande puissance que la Russie de rester sous le coup d'une guerre désastreuse[1], mais on voit à quel point les opinions du généralissime et du négociateur de Portsmouth sont *diamétralement opposées*.

* * *

D'après l'homme d'État russe qui a signé le traité de Portsmouth, la Chine serait, paraît-il, hostile à la Russie. S'agit-il là du gouvernement de Pékin ou des peuples soumis à son pouvoir ? La Russie n'avait pas fait la guerre à la Chine avant 1900. Si elle s'est agrandie à ses dépens dans le Nord, ç'a été d'un commun accord et pour ainsi dire à l'amiable. C'est à la Russie qu'a été due l'initiative de l'ultimatum du 23 avril 1895 qui a empêché les armées japonaises d'entrer à Pékin. Plus tard, après l'insurrection des Boxers, si la cour de Pékin a d'abord protesté contre les conventions relatives à la Mandchourie et aux voies ferrées de l'Est chinois, elle a fini par les accepter, et elles lui étaient en somme moins sensibles que par exemple la cession de Kiao-tcheou. D'autre part, la famille impériale chinoise et la noblesse tartare ne peuvent pas oublier que Moukden, la ville sainte de la dynastie, était aux mains des conquérants. Ce n'est qu'en excitant chez les Chinois et les Tartares le sentiment de l'indépendance et la haine des barbares qu'on peut surmonter leur inertie politique pour arriver à créer une armée destinée à être la sauvegarde de la dynastie, et son point d'appui au dedans comme au dehors, au dedans peut-être encore plus qu'au dehors, depuis que le canon de Moukden a réveillé les populations asiatiques.

---

[1] *Novoe Vremia* du 2 mars 1907.

. *.

Quand on parle de la Chine, on ne songe qu'à l'empire même
et à ses provinces continentales, sans tenir compte de toutes les
colonies chinoises qui en sont peu éloignées et peuplent les
archipels du Sud et l'Indo-Chine. Leur population dépasse, dans
certaines régions, celle de toutes les autres nationalités, indigènes ou européennes réunies. En Cochinchine, il y a Cho-lun ;
dans plusieurs des colonies anglaises les détroits (les Straits
settlements), le commerce et les capitaux sont en grande partie
aux mains des négociants chinois. Les gouverneurs anglais
administrent et font la police pour le compte de ces magnats
chinois du commerce international. Si l'immigration des coolies
et de la main-d'œuvre chinoise est plus ou moins combattue ou
entravée dans des colonies comme l'Australie ou les Indes néer-
landaises où on veut protéger les ouvriers d'une autre provenance, on n'y peut rien cependant contre l'importation des capitaux et du commerce chinois, car tout s'en ressentirait : échanges,
industries et transactions commerciales de toute nature. Du jour
où, comme le Japon, la Chine sera assez forte pour avoir des
consuls et mettre partout ses nationaux sur le même pied que les
Européens, cette forme économique du péril jaune ne tardera pas
à se manifester de la façon la plus efficace, sinon même la plus
menaçante devant tous les intérêts européens, à commencer par
ceux de l'Angleterre et de ses colonies. Les *municipalités socialistes* d'Australie trouveraient à qui parler, tout comme celle de
San-Francisco. Les négociants chinois établis à *New-York*
n'adressaient-ils pas récemment des télégrammes à ceux de
Chang-haï pour les engager à profiter des circonstances et à
faire cause commune avec les Japonais, pour exiger aussi des
États-Unis l'admission de leurs enfants dans les écoles publiques
américaines [1] ?

---

[1] *The Japan Advertiser*, cité par l'*Oussouriskaïa Jizn*, journal d'Extrême-
Orient du 6 janvier 1907 qui paraît à Vladivostok.

*
* *

Outre les centaines de millions d'hommes de race jaune, Chinois, Mongols et Tartares, qui peuplent le continent de l'Asie orientale, il y a les populations groupées dans les grands archipels de la Sonde qu'on peut évaluer à quarante-cinq millions d'âmes au minimum [1]. Si l'on y joint l'Indo-Chine c'est plus de soixante millions, tandis qu'en présence de ces masses, les races européennes n'ont guère plus de quatre millions et demi de représentants [2] : Anglais, Hollandais, Américains, Espagnols et Français. Cette minorité, supérieure il est vrai, par l'intelligence, l'instruction et même en partie par la vigueur physique, gouverne, administre et fait travailler ces masses d'indigènes, mais ne les domine, en réalité, que par l'ascendant moral, et au besoin par le force des armes. Si on remarque, en outre, que dans les colonies anglaises, Australie et Nouvelle-Zélande, l'élément indigène est peu nombreux et ne compte pas, la supériorité numérique des indigènes dans les autres colonies apparaît comme écrasante pour le jour où ils auraient conscience de leur force et voudraient s'en servir. Si la répercussion des victoires japonaises se fait sentir dans toute l'Asie, elle le fait aussi dans les archipels, et c'est ce qui constitue pour l'avenir un problème non moins redoutable que sur le continent lui-même.

---

[1] D'après les statistiques géographiques courantes, ces populations peuvent être approximativement évaluées comme suit :

Indes néerlandaises, Java, Célèbes, etc...	32,500,000 habitants.
Bornéo..........................	1,700,000 —
Sumatra.........................	4,000,000 —
Philippines......................	7,000,000 —
Straits settlements, environ	600,000
Total......	45,800,000 habitants.

[2] Australasie (Australie, New-Zealand, etc.) 4,476,000 habitants.

Indes néerlandaises..................	81,000 —
Philippines......................	10,000 —.
Singapore et Straits settlements........	6,000 —
Total....	4,573,000 habitants.

.

Nous allons chercher à exposer quelques-uns des symptômes qui justifient cette opinion.

Le trait caractéristique des grandes insurrections qui ont dévasté la Chine à diverses époques, et notamment au siècle dernier, comme celle des Taïpings[1] dans les provinces centrales du Yang-tsé-kiang et celle des musulmans du Yun-nan au nord du Tonkin, a toujours consisté dans la tentative de former un nouveau pouvoir central, avec un souverain investi des mêmes prérogatives que celui de Pékin. Si le chef des Taïpings qui régnait à Nankin avait possédé des talents militaires à hauteur du prestige religieux et politique qu'il exerçait sur les masses populaires, il serait probablement parvenu à détrôner la dynastie régnante qui a dû en grande partie son salut à l'intervention de la France et de l'Angleterre, ainsi qu'au traité conclu en 1860 avec ces puissances. Le chef des musulmans du Yunnan, Ma-teh-sing (ou le sultan Suleyman) qui s'était aussi proclamé empereur, était trop éloigné pour menacer directement celui de Pékin. Il n'en a pas moins opposé une résistance acharnée aux armées tartares, et n'a succombé qu'en 1873.

Or, ce qui différencie radicalement, paraît-il, les révolutionnaires actuels de ceux du siècle dernier, ce serait que, loin de songer à remplacer la dynastie tartare par une autre, ils auraient pour objectif de substituer à l'organisation actuelle de la Chine une république fédérative analogue à celle des États-Unis de l'Amérique du Nord. Les anciennes insurrections comme celles du siècle dernier, ci-dessus mentionnées, étaient purement chinoises; elles s'étaient organisées et développées soit par suite de l'oppression ou des exactions des mandarins, soit par l'aversion des populations chinoises, surtout du Midi, à l'égard de la domination mantchoue, mais sans l'intervention d'influences extérieures, tandis qu'aujourd'hui, au dire même des autorités

---

[1] Treize sur dix-huit des provinces de la Chine ont été envahies et dévastées par cette insurrection qui a fait périr vingt millions d'individus. (WELLS WILLIAMS, *The Middle Kingdom.*)

gouvernementales[1], ce sont les milliers d'étudiants revenus du Japon qui propagent les idées révolutionnaires, à tel point qu'au dire du *North China Hérald*, trois mille de ces jeunes gens se sont récemment engagés par écrit à suivre le chef révolutionnaire Soung-Wen.

Le gouvernement central de Pékin sait se renseigner sur les agissements des sociétés secrètes qui conspirent contre son existence, et réprime impitoyablement leurs manifestations quand il peut les joindre. Elles lui échappent dès qu'elles sont sur les territoires protégés par l'exterritorialité, à Chang-haï, même à Tientsin, et enfin dans la colonie anglaise de Hong-kong. Mais c'est surtout dans les colonies chinoises extérieures comme Singapore, les détroits et autres, y compris l'Indo-Chine que ces sociétés de conspirateurs sont à l'abri, peuvent y réunir des capitaux, acheter des armes et préparer des soulèvements comme celui des Boxers. Plusieurs de leurs agents ont visité l'Europe, le Japon, Singapore, Colombo. Grâce aux concours des marchands et capitalistes chinois établis dans ces ports, ils ont pu réunir, par exemple, en 1906, un capital de trois millions de dollars déposé en partie dans une banque européenne.

Des achats d'armes importants avaient été faits dans le courant de 1906 et un soulèvement était préparé pour l'époque des manœuvres d'automne, mais il n'eut pas lieu parce que les préparatifs n'étaient pas complets dans la région du Yang-tsé-kiang[2].

Les négociants et armateurs chinois établis dans les archipels sont plus accessibles à la propagande révolutionnaire, parce que le pouvoir central chinois, qui est hors d'état de leur donner une protection quelconque, tente cependant de les exploiter, et traite parfois en otages ceux de leurs parents restés en Chine.

Aux yeux de cette classe riche et influente de Chinois expatriés, la révolution doit leur donner, vis-à-vis des Européens, une indépendance qui n'existe pas encore, et fournir à un nouveau gouvernement les moyens de la faire respecter.

---

[1] Le mouvement révolutionnaire en Chine. Instructions du gouverneur général du Hou-Kouang à ses fonctionnaires pour les renseigner sur les agissements des sociétés secrètes. (*Noroe Vremia* du 25 février 1907.)
[2] *Ibidem*.

**
* *

En présence de ces millions, de ces centaines de millions d'hommes qui n'ont jamais ouï parler d'elle, sera-ce la conférence de La Haye qui s'occupera de leur sort à venir? Est-ce elle qui mettra d'accord les *impérialismes* japonais et yankee dans le Pacifique? Grâce à l'alliance du Japon qui le protège, l'*impérialisme* anglais jouit d'une trêve qu'il cherche à prolonger aux dépens de la tranquillité de l'Europe; mais l'*impérialisme* sino-tartare, quoique encore faible et menacé sur son propre territoire, n'en réagit pas moins, puisqu'il sait frapper d'interdit le commerce et les intérêts que les nations européennes invoquent au nom de la civilisation pour pénétrer chez lui, malgré lui, et lui imposer les produits de leurs manufactures tout en refusant pour leurs industries le concours d'une main-d'œuvre plus docile et plus avantageuse que celle dont les caprices sont aujourd'hui érigés en loi suprême des sociétés modernes par les théories socialistes et ceux qui en vivent.

C'est d'hier que date l'annexion aux États-Unis d'Hawaï et des Philippines, et déjà se manifeste aux yeux du gouvernement de Washington l'urgente nécessité de fortifier ces nouvelles conquêtes que le Japon pourrait à bon droit considérer comme comprises dans sa *sphère d'action* pour employer les termes en usage. Aussi le Naval Office des États-Unis a-t-il conscience des éventualités auxquelles il peut être appelé à faire face. Il double par de nouvelles constructions sa flotte de l'océan Pacifique qui doit désormais former deux escadres, comprenant huit divisions de navires.

Cette nouvelle flotte comprendra d'abord l'escadre d'Asie dont le quartier général est aux Philippines, puis une autre escadre dite de l'océan Pacifique qui ne comprend actuellement que des croiseurs et des canonnières. Celle des Philippines comprend déjà trois cuirassés de premier rang, trois croiseurs de second rang, un certain nombre de canonnières, et une flottille de torpilleurs, mais de plus l'escadre du Pacifique doit recevoir un cuirassé et quatre grands croiseurs de 13,000 tonnes, armés d'une forte artillerie [1]. Le rapport propose que ces forces navales

---

. [1] Le *Japan Times*, cité par l'*Oussouriiskaïa Jizn*, du 14 février 1907, journal russe de Vladivostok.

soient cor mandées par un vice-amiral, grade créé. Ces mesures
sont prises en même temps que le percement de Panama est
activé par tous les moyens possibles.

Des essais actifs sont poursuivis aux États-Unis sur les sous-
marins types Holland. M. John Holland prétend que son sous-
marin doit amener une révolution dans la guerre navale, et
l'empêchera en paralysant les flottes [1].

Au renforcement de leur puissance navale, les États-Unis
ajoutent de nouvelles précautions sur terre, comme la fortification
d'Hawaï et probablement d'autres points de défense, mais ces
mesures ne garantissent pas le loyalisme des populations annexées,
pas plus que le régime de la liberté et de la décentralisation n'a
concilié à la grande république celui des habitants du Nouveau-
Mexique.

. * .

Les questions à régler après le traité de Portsmouth, telles que
la réglementation des pêcheries sur le littoral de la Sibérie et
dans la mer d'Okhotsk, le régime des chemins de fer en Mantchourie et la navigation sur le Soungari paraissent recevoir successivement des solutions de nature à satisfaire les intérêts russes
et japonais en présence ; mais pour déterminer les droits et les
obligations de part et d'autre, il faut s'attendre à des conférences
et à des discussions plus ou moins prolongées.

Au mois de novembre 1906, les commissaires japonais à
Pétersbourg en avait référé à leur gouvernement pour un certain
nombre de questions, et il en était résulté une suspension d'un
mois dans les négociations. Toutefois, de part et d'autre, il n'était
pas jugé nécessaire de recourir à un arbitrage. Les négociants
sibériens sont désireux de voir les difficultés s'aplanir et les
transactions s'effectuer sans difficultés. Sous ce rapport le régime
des douanes russes laisse à désirer. C'est ainsi que les marchands
russes de Nikolaïefsk se plaignent des entraves apportées au commerce des bois qui constituent un capital considérable et inex-

[1] Le *Japan Times*, cité par l'*Oussouriiskaïa Jizn*, du 11 février 1907,
journal russe de Vladivostok.

ploité dans la vallée de l'Amour, et serait des plus rémunérateurs pour eux s'ils pouvaient les exploiter librement dans les ports du Japon et de la Chine[1]. Des forêts magnifiques ont été incendiées, soit par négligence, soit par des défrichements inintelligents, et faute de savoir en tirer parti.

Ces doléances semblent fondées, et on voit apparaître sous des aspects différents les mêmes questions que l'Angleterre, par exemple, est aussi obligée d'étudier en ce qui concerne ses colonies, dont les intérêts matériels, l'industrie et le commerce sont distincts de ceux de la métropole et même parfois en antagonisme avec eux. Ce serait une erreur de croire que les questions relatives à l'organisation de l'*impérialisme* britannique ne touchent l'Asie que d'une façon indirecte et partielle. C'est même de ce côté que la suprématie, la durée et l'unité de l'empire britannique peuvent se trouver mises en cause à la suite des événements qui ont bouleversé l'Asie orientale, et dont les effets se manifestent aussi bien du côté des grands archipels du Sud-Est qu'en Mandchourie, en Mongolie, ou parmi les populations de la Chine centrale.

.*.

Dans les mêmes régions du globe, les tendances autonomes, qui se manifestaient aussi bien en Australie que dans les colonies de l'Afrique australe, et l'intérêt que la métropole avait à les maintenir sous sa suzeraineté au point de vue commercial, industriel et politique, donnèrent lieu, dès le milieu du siècle dernier, à la création, en 1868, du « Royal Colonial Institute », sous le patronage du prince de Galles, aujourd'hui Édouard VII.

Ce premier effort était suivi, en 1886, par la formation de l' « Imperial Federation League », puis, en 1887, par la convocation, à Londres, d'une conférence coloniale à laquelle prirent part les premiers ministres du Canada et de Terre-Neuve, du Cap et de Natal, des États australiens et de la Nouvelle-Zélande. De cette réunion sortit « l'Australian naval Defence Act », par lequel les États australiens s'engageaient à prendre part, dans

[1] *Journal de l'Oussouri*, 11 février 1907.

une certaine mesure, à l'entretien des forces navales britanniques
stationnées dans leurs eaux. Ce résultat fut suivi d'une propagande continuée par des hommes politiques tels que Charles
Dilke [1] et Chamberlain, auteur d'un plan d'union économique et
commerciale entre la métropole et ses colonies. Ce fut Chamberlain qui réunit, en 1897, une seconde conférence conçue sur un
programme plus vaste que celui de 1887 et qui s'étendait à
l'examen des relations commerciales entre les colonies et l'Angleterre. Cette conférence aboutit à une déclaration constatant
que les relations politiques entre le Royaume-Uni et ses colonies
autonomes étaient généralement satisfaisantes, qu'il serait désirable de grouper en fédérations, quand les circonstances le per-
mettront, celles qui sont géographiquement unies, et enfin de
tenir périodiquement des conférences de représentants des colonies et du Royaume-Uni, où seront discutées les questions d'intérêt commun.

Une troisième conférence eut lieu en 1902, sans aboutir davantage à des conclusions nettes en faveur d'une union commerciale
basée sur des tarifs de préférence réservés aux produits britanniques. Des résolutions furent également adoptées concernant
l'accroissement des contributions des colonies à l'entretien de
la marine impériale, mais il faut remarquer que ces contributions sont absolument minimes en ce qui concerne les grandes
colonies australiennes et le Cap, tandis que le Canada se refuse
à y prendre une part quelconque.

Une quatrième conférence vient de se réunir en avril 1907,
bien que le dernier discours du trône n'en eut pas fait mention
préalablement.

*
* *

De grands événements ont changé la face des choses en Asie
depuis la conférence de 1902, entre la métropole anglaise et ses
colonies. Faut-il penser que l'alliance du Japon garantit à son
alliée l'Angleterre une sécurité extérieure telle qu'il serait désormais inutile de se préoccuper de celle de ses grandes colonies,

---

[1] Problèmes of Greater Britain.

soit au point de vue des tarifs préférentiels commerciaux, soit pour les questions de défense impériale sur terre et sur mer? On peut se souvenir de l'adage : *Quieta non movere*, et il est très possible qu'il en soit ainsi pour un certain temps; toutefois, il n'est pas impossible que des difficultés semblables à celles qui ont surgi entre le Japon et les États-Unis, quant à l'admission des étudiants japonais dans les écoles, ou à celle de la main-d'œuvre japonaise, viennent aussi à se produire, par exemple dans les colonies australiennes.

La subordination de la douane anglo-japonaise, autrefois si puissante, à l'autorité du ministère commercial de Pékin, a été pour l'influence anglaise en Chine une *diminutio capitis* dont on ne peut contester l'importance et à propos de laquelle le Japon n'est pas venu en aide à son alliée.

Enfin, comme on l'a vu plus haut, la disproportion numérique de l'élément européen vis-à-vis des nationalités indigènes du sud-est de l'Asie est telle que les conséquences de la défaite de la Russie peuvent avoir leur répercussion parmi ces populations, comme elles l'ont eue dans le reste de l'Asie continentale.

Les pèlerins de la Mecque constituent une clientèle de jour en jour plus nombreuse pour les compagnies de navigation qui desservent, par la mer Rouge et Suez, les ports de l'Inde, de Chine et du Japon. Cette clientèle appartient à toutes les classes du monde musulman, depuis le seigneur malais ou indou, jus-qu'au simple derviche. Si le Japon ne possède actuellement qu'un petit nombre de sujets musulmans, il est inévitable que dans un avenir plus ou moins rapproché, des relations suivies s'établissent entre les ports japonais et les archipels de la Sonde, en grande partie peuplés de mahométans, et reprennent ainsi la tradition de celles qui existaient jadis entre le Japon, ces archi-pels et l'Indo-Chine, alors qu'il n'y avait pas de navigation à vapeur et que les transactions commerciales n'avaient ni la sécu-rité ni l'intensité qu'elles possèdent aujourd'hui.

Il était récemment question de la création d'une ambassade japonaise à Constantinople. Des organes russes attribuent le retard mis à l'exécution de ce projet à la crainte qu'éprouverait le padischah de voir les musulmans d'Extrême-Orient invoquer la protection du puissant empire japonais plutôt que la sienne.

Outre les lignes de paquebots japonais pour l'Europe et l'Amé-

rique du Nord, le Nippon Yusen Kaisha fournit un service heb-
domadaire de grands vapeurs sur Manille, Thursday-Island,
Townsville, Brisbane, Sidney et Melbourne, ce qui indique un
trafic important comme passagers et marchandises avec toute
l'Australasie. Devenu grande puissance industrielle et maritime,
le Japon possède, en raison de sa proximité, de grands avantages sur l'Europe et même sur l'Angleterre pour le commerce
avec les archipels de la Sonde et avec l'Australie. Pour lutter
contre une pareille concurrence, qui était déjà redoutable avant
la guerre russo-japonaise, le commerce et l'industrie de l'Angleterre auront besoin, dans ces colonies, des tarifs préférentiels
ou protecteurs dont la discussion doit avoir lieu dans l'actuelle
conférence fédérative des colonies anglaises, en avril 1907. Le
groupement en fédérations des colonies anglaises qui sont
géographiquement unies, et dont il est depuis longtemps question, en paraîtra vraisemblablement encore plus nécessaire;
mais le Japon ne peut-il, avec non moins de raisons sérieuses,
tendre de son côté à grouper sous son hégémonie des archipels
et des populations qui, géographiquement, ethnographiquement
et commercialement, sont beaucoup plus unis avec lui qu'avec
les puissances européennes ou l'Amérique du Nord? L'Angleterre, au point de vue de son influence mondiale, a trouvé, à
peu de frais, tant d'avantages dans l'alliance du Japon qu'elle
ne pourrait s'étonner de le voir suivre son exemple, et même
s'attendre à avoir le droit de compter sur son appui, en échange
des immenses avantages que l'empire britannique a acquis dans
le monde grâce aux victoires de son allié, ainsi qu'aux énormes
sacrifices d'hommes et d'argent dans lesquels il n'a été pour
rien et dont il a profité au moins autant que le Japon.

Le Droit des gens et les Européens
chez les
nations asiatiques d'Extrême-Orient.

Dès que les hostilités furent ouvertes entre le Japon et la Russie, en février 1904, les grandes puissances neutres se préoccupèrent immédiatement, sur l'initiative des États-Unis, d'assurer la neutralité de la Chine, moins la Mandchourie qui était déjà le théâtre de la guerre. Cette précaution était rendue nécessaire, non seulement par les éventualités d'une lutte engagée sur terre et sur mer, sur le continent et dans les eaux chinoises, mais aussi par les précédents que créaient les guerres antérieures des nations européennes contre la Chine, ainsi que les traités de 1842 entre la Chine et l'Angleterre, et de 1860 avec la France et l'Angleterre à la suite de la première occupation de Pékin par les corps expéditionnaires français et anglais que commandaient les généraux Montauban et Hope Grant.

Au nombre des avantages stipulés par ces traités en faveur des Européens, figure la création, dans les ports ouverts en Chine au commerce extérieur, de concessions territoriales ou *settlements* affectés à la résidence des Européens ainsi qu'à leurs établissements commerciaux et autres, tels qu'édifices religieux, écoles et hôpitaux. A Changhaï par exemple, une immense étendue de terrains avec quais sur le fleuve se trouve aujourd'hui divisée en *concessions*, ou *settlements* français, anglais et américain, et sur lesquelles le gouvernement chinois n'a pas de juridiction. Le territoire de chacune de ces concessions est devenu une ville autonome administrée par une municipalité présidée par le consul et recrutée parmi les principaux négociants et autres notables. Il en est de même à Tientsin, à Hankéou et dans la plupart des autres ports ouverts aux Européens.

Comme les traités ne permettaient pas, avec justes raisons, que les Européens fussent soumis à la juridiction des autorités chinoises, il s'ensuivit que le privilège d'exterritorialité s'étendit aux concessions ou settlements occupés par eux ; ces territoires devinrent inviolables pour l'autorité indigène, et jouirent vis-à-vis d'elle du droit d'asile, même par exemple pour les crimes ou délits politiques commis par des Chinois.

Les conséquences de cet état de choses devaient s'étendre ensuite à d'autres questions d'une importance plus considérable au point de vue international. — Canton et Whampoa, occupés par la France et l'Angleterre en 1857, ainsi que Changhaï, où un settlement anglais avait été fondé après le traité de 1842, devinrent en 1860, les bases d'opérations où se réunirent les navires qui amenaient des ports de France et de l'Inde les troupes françaises, anglaises et anglo-indiennes, destinées à l'expédition sur Pékin, ainsi que leur artillerie, leurs munitions et leurs approvisionnements. Hongkong, que possédaient les Anglais, était trop éloigné et n'avait pas des ressources suffisantes pour les deux corps expéditionnaires. La flotte française, en raison de la durée du trajet qui était de près de six mois par le cap de Bonne-Espérance, n'avait pu embarquer de chevaux de selle et de trait en France ni en Algérie. Ce fut au Japon qu'une commission d'officiers français[1] fit l'acquisition des chevaux nécessaires pour les états-majors, l'artillerie et l'escadron de spahis des corps expéditionnaires. Ce fut à Changhaï, puis à Tchéfou, à l'entrée du golfe du Petchili, que ces 1,200 chevaux furent amenés, tandis que les états-majors militaire et naval reconnaissaient la côte du Petchili pour le choix du point de débarquement.

Toutes ces difficultés considérables sont vite oubliées après le succès, quand on devrait plutôt les méditer pour l'avenir, mais on peut se rendre aisément compte qu'elles eussent peut-être été insurmontables si Canton, Whampoa, Changhaï et Tchéfou, n'avaient pu être utilisés successivement comme bases secon-

[1] Les capitaines de Cools et Montauban.

daires d'opérations, pendant presque toute la durée de la campagne [1].

On voit donc, d'après ces précédents, quelle était la portée des propositions américaines en ce qui concernait la neutralisation des ports chinois en 1901.

Si telle était déjà leur importance en cas de guerre il y a un demi-siècle, il est facile de se rendre compte de l'effet qu'aurait pu avoir, au début et au cours de la guerre russo-japonaise, l'occupation par l'un ou l'autre des belligérants de certains points du littoral chinois, soit pour les ravitaillements de charbon, soit comme point d'appui des escadres. — La Chine ne pouvait opposer que de vaines protestations à des opérations de cette nature, et les moyens employés jusqu'à l'époque actuelle par le *Waï-kou-pou* [2], et avant lui par le *Tsung-li-yamen*, pour exploiter souvent avec succès les rivalités des nations européennes, devenaient inutiles devant la situation nouvelle des deux belligérants, opérant sur le territoire chinois.

Le gouvernement russe se déclara prêt à se joindre à une entente mutuelle des puissances, à condition que la Chine en observât toutes les clauses et que le Japon se conformât à ses engagements ainsi qu'aux principes universellement reconnus du droit international. La Russie ne se considérait pas comme liée par l'entente projetée au cas où cette neutralisation serait enfreinte par qui que ce soit, et, en tout cas, la neutralisation de la Chine ne pouvait s'étendre à la Mandchourie dont le territoire était le théâtre des opérations militaires.

Le terme de *neutralisation* devait évidemment remplacer celui de *neutralité*, puisque la Chine était hors d'état de faire respecter son indépendance et ses prérogatives de puissance neutre.

L'initiative prise alors par les États-Unis devait en fin de compte, ainsi que les événements l'ont prouvé, être plus favorable au Japon qu'à la Russie.

---

[1] Le signataire de ces lignes était capitaine à l'état-major de l'expédition, et fut ensuite chef d'état-major du corps d'occupation (Tientsin et Changhaï) jusqu'en 1862.

[2] Ministère des affaires étrangères à Pékin.

Mais ce fait ne pouvait apparaître qu'après le début de la guerre. Si le Japon, il faut le remarquer, avait, au cours des négociations qui la précédèrent, cédé à la tentation engageante qui s'était offerte à lui, de débarquer ses troupes dans le sud de la Corée bien avant l'ouverture des hostilités, il eût légitimé la prise de possession immédiate du nord de la péninsule par les armées russes, y compris les ports de Masampo et de Fousan dont l'importance déjà connue devait être constatée encore davantage au cours de la guerre. Dès que la supériorité se fut manifestée du côté des escadres japonaises, la Russie n'eut plus comme bases d'opérations navales que Port-Arthur et Vladivostok, tous deux étroitement bloqués, tandis que le Japon disposait non seulement de tous ses excellents ports et arsenaux, mais en outre des ports et rades coréens, dont l'importance stratégique était considérable et plus grande encore qu'on ne le prévoyait.

Le fait suivant permettra d'ailleurs d'en juger :

Dans une réunion à Pétersbourg des ministres russes, antérieure à l'occupation de Port-Arthur en 1897, alors que le choix d'un port libre de glaces en Extrême-Orient, n'était pas encore arrêté définitivement, le Ministre de la marine avait émis l'avis d'occuper, au lieu de Port-Arthur, *Masampo* sur la côte nord-est de Corée. Les événements ultérieurs ont démontré la sagesse de cette idée, puisque c'est de Masampo, devenu en 1905 point de concentration de la flotte japonaise, que fut dirigée la principale attaque de l'amiral Togo, contre la flotte russe de la Baltique venant du Sud par le détroit de Tsoushima.

Cet état de choses explique la vigilance observée par les deux partis, et en particulier celle des croiseurs japonais au sujet de Tchéfou, de Changhaï et des autres ports sino-européens. Il est nécessaire, comme on le voit, pour en apprécier les effets, de remonter aux causes de la présence sur le territoire chinois de colonies européennes, non complètement indépendantes, il est vrai, mais douées cependant d'une réelle autonomie tant vis-à-vis de la Chine que vis-à-vis des belligérants. C'est à l'existence de ces colonies qu'il faut attribuer en grande partie le développement et l'activité d'une contrebande de guerre qui avait pris des proportions considérables, à en juger par le nombre de *coureurs de blocus* capturés surtout vers la fin de la guerre par les croiseurs japonais, et au début des hostilités par les Russes avant que le blocus de Port-Arthur et de Vladivostok fut complet [1].

＊＊＊

Une des principales raisons pour lesquelles la Chine ne peut que difficilement protester contre les prérogatives assurées aux concessions européennes, soit par les traités, soit par la coutume et parfois par pression sur les autorités locales, taotaïs ou autres, provient de ce que, pour entamer une discussion sur des bases régulières, il faut admettre publiquement, aux yeux des populations chinoises, que les puissances européennes sont les égales et non les vassales de la Chine, que leurs chefs d'États, monarques ou présidents de république sont les égaux du Fils du ciel ; que, dans le cas de désaccord suivi de conflit, la Chine aurait affaire à des belligérants, et non à des rebelles soulevés contre l'autorité légitime du seul souverain existant sous le ciel (Tien-Hia). Les victoires du Japon en 1894-95 et l'occupation de Pékin en 1900 par les forces réunies du Japon et des grandes nations européennes, ont à peine ébranlé ces croyances qui ont été jusqu'à présent comme un dogme fondamental de l'état social et de l'organisation politique des Chinois. Il s'ensuit que, ne possédant pas une force matérielle suffisante pour soutenir ses prétentions contre le droit acquis aux Européens, de par les traités, de s'installer sur le territoire de l'empire sans être justiciables de ses lois, le gouvernement de Pékin se replie sur lui-même en recherchant surtout les moyens, non de réformer réellement ses traditions et de parvenir à une entente durable avec les étrangers, mais de devenir assez fort pour se débarras-

---

[1] Le *Diary of the russo-japanese War* (Journal de la guerre russo-japonaise), publié à Kobé, donne les noms et le nombre d'une certaine quantité de steamers capturés, et pour la plupart confisqués, pour contrebande de guerre, savoir : ·

Par les Japonais : norvégiens, 2; suédois, 1; allemands, 2; autrichien, 1; français, 1; *anglais*, 20.

Par les Russes : allemands, 3; *anglais*, 11.

Les navires marchands sous pavillon des belligérants, japonais ou russes, ne sont pas compris dans ces chiffres, inférieurs au nombre réel des coureurs de blocus.

ser d'eux. De là ces oscillations continuelles entre des projets de réformes contraires aux principes et aux intérêts des gouvernants tartares, et les tentatives de ce parti rétrograde pour maintenir un système dont les invasions étrangères et la haine d'une partie des populations contre la dynastie mandchoue, ont miné les bases. Sous quel angle, sous quelle parallaxe, la conférence de La Haye, si elle était appelée à s'en occuper, appréciera-t-elle des relations internationales de cette nature ?

.*.

Tout autre a été dès l'origine, il y a un demi-siècle, l'attitude du Japon vis-à-vis des Européens. Le régime féodal, le patriotisme des samouraïs et l'esprit même de toute la nation opposaient une résistance invincible à la prise de possession, sous quelque prétexte que ce fût, d'une parcelle quelconque du sol national par des étrangers.

Le système des concessions territoriales des settlements présentait à cet égard des inconvénients manifestes qui excitèrent, dès le principe, la défiance des Japonais. Il fallut cependant admettre pour les étrangers admis à trafiquer dans les ports un système de baux territoriaux à long terme, mais les tendances du gouvernement et de la législation ont toujours agi dans le sens d'en restreindre l'étendue et de sauvegarder complètement le principe de la possession du sol réservé aux seuls nationaux.

Parallèlement à la création de son armée et de sa marine, le gouvernement du *Meïji*[1] entreprit, sans aucun retard, un travail analogue pour l'étude comparée des législations européennes, du droit des gens, des questions économiques internationales et du régime des neutres en temps de guerre sur terre et sur mer. C'est avec le concours de jurisconsultes éminents et de nationalités diverses que ces travaux se poursuivirent, avec le même zèle que toutes les autres réformes, pour aboutir aux nouveaux codes japonais. Aussi ne faut-il pas s'étonner si, devant certains pro-

---

[1] L'ère japonaise actuelle.

blèmes dont les conférences de La Haye sont loin d'avoir encore prévu toutes les solutions, les hommes d'État, généraux et amiraux japonais ont fait preuve d'une compétence, d'une décision et d'une fermeté qui ne s'étaient pas encore présentées au même degré chez plus d'une nation européenne[1].

C'est ainsi que la répression de la contrebande de guerre était prévue dans les plans de campagne japonais. En 1904, l'Angleterre était l'alliée du Japon; cependant il fallait s'attendre, comme pendant la guerre de la Sécession américaine, à voir, malgré les circulaires bénévoles du Foreign-Office, ses hardis coureurs de blocus (blokade runners) entreprendre pour le compte des deux belligérants cette contrebande de guerre dont les bénéfices sont énormes et augmentent constamment en même temps que les risques de capture et la rigueur du blocus effectif des croisières. Les chiffres donnés plus haut des coureurs de blocus capturés et qui sont loin de représenter la totalité des navires engagés dans ce fructueux trafic peuvent donner une idée de son intensité et de l'active vigilance qu'il nécessite de la part des belligérants.

On aurait pu s'attendre à voir le gouvernement japonais, allié de l'Angleterre, se laisser aller à ménager plus ou moins les intérêts ou l'amour-propre britanniques dans les décisions du tribunal des prises installé à Sasebo. Il n'en fut rien. Les représentants des puissances neutres au Japon furent informés que le tribunal des prises maritimes de Sasebo était entièrement indépendant, et que, si ces décisions pouvaient parfois donner lieu à un recours devant la Cour suprême de justice, le gouvernement impérial japonais entendait rester étranger à ces questions pure-

---

[1] C'est ainsi qu'en 1885, lors du blocus des côtes de Formose par l'escadre française, les Chinois transportèrent sous pavillon anglais, en bravant nos croisières, les troupes et munitions destinées à la défense de cette île et des Pescadores. Ce n'est certainement pas au manque de surveillance ou d'énergie de l'amiral Courbet qu'il fallait attribuer l'impunité de ces infractions aux lois de la guerre maritime. La responsabilité en incombait aux gouvernants de Paris. Un peu plus tard, au début de la guerre sino-japonaise, en 1894, alors que l'Angleterre soutenait plutôt la Chine contre le Japon, les amiraux japonais châtièrent immédiatement et vigoureusement ces infractions en coulant, en vue des côtes de Corée, le steamer *Kowshing*, qui transportait 1200 soldats de l'armée de Li-Hung-Chang sous pavillon anglais. Il ne leur fut pas nécessaire de faire d'autres exemples.

ment juridiques. Les navires anglais convaincus de contrebande de guerre furent déclarés de bonne prise et confisqués comme les autres.

* *

Si l'on peut dire que, lors de ses débuts, la conférence de La Haye eût gagné comme autorité morale à n'être pas indirectement mêlée à la préparation commencée de la guerre russo-japonaise, il n'en est pas moins vrai qu'elle s'est trouvée instituée à temps pour étudier et préparer la solution de divers problèmes de droit international posés par cette même guerre et qui sans elle n'auraient peut être pas encore été évoqués.

Les articles de la convention de La Haye, relatifs aux ambulances de terre et de mer, aux hôpitaux flottants et à leur neutralisation, paraissaient avoir été rédigés avec tout le soin et toute la clarté désirables ; cependant, soit du côté russe, soit du côté japonais, leur interprétation a été fréquemment différente. L'Amirauté russe considérait par exemple que les signes apparents peints sur la coque des navires-hôpitaux, la disposition et la couleur de leurs fanaux pendant la nuit devaient suffire pour déterminer leur caractère et garantir leur neutralité, mais les amiraux japonais déclaraient que ces marques extérieures devaient éventuellement être complétées par le droit de visite. Ce détail et d'autres encore prouvent que, dans certaines de ses parties, la convention de La Haye gagnerait, au point de vue pratique, à être revisée et complétée.

La transformation de ses lois et l'assimilation de ses codes à ceux des nations européennes, au point de vue du droit civil, du respect des personnes, de la propriété privée et de la répression pénale, ont déjà depuis longtemps fait disparaître, dans les traités du Japon avec l'Europe, les clauses d'exterritorialité analogues aux capitulations du Levant méditerranéen. Il n'en est pas de même en Chine où l'exterritorialité continue à protéger les personnes et les biens des étrangers contre l'arbitraire du gouvernement de Pékin et de ses mandarins.

Il s'ensuit d'autre part que ce même gouvernement ne tolère les étrangers dans son empire que si leur présence s'y trouve justifiée par le texte même des traités, s'ils se trouvent dans les catégories de personnes spécifiées et prévues dans ces traités, agents politiques et commerciaux des puissances étrangères, agents des douanes, négociants, missionnaires, ingénieurs employés à la construction des voies ferrées. A ces personnes mêmes, des passeports sont indispensables pour voyager dans l'intérieur du pays, et ils y sont surveillés de près, alors même que l'accueil des autorités et des populations se trouve être en apparence plus ou moins amical.

Il résulte de cet état de choses que si la Chine est ouverte aux étrangers depuis plus d'un demi-siècle, le nombre de ceux d'entre eux qui y vivent n'en est pas moins extrêmement restreint et compte à peine quelques milliers de personnes toutes comprises dans les catégories énumérées ci-dessus et qui sont prévues par les traités.

C'est un grand contraste avec l'exode continu des excédents de la population chinoise qui se fait par centaines de mille vers l'Indo-Chine, vers les archipels malais, australasiens et vers le continent américain, malgré toutes les restrictions qu'on cherche à leur opposer. L'ouvrier ou artisan d'origine européenne veut écarter cette concurrence dans les métiers et professions qu'il exerce, mais il ne veut pas davantage être coolie, portefaix (docker), exercer les professions pénibles et subalternes qui feraient de lui l'égal de ces Asiatiques plus sobres, plus disciplinés, moins exigeants, vis-à-vis desquels il prétend être un aristocrate, tout en se disant socialiste, tout en ne reconnaissant, vis-à-vis de lui-même, aucune supériorité morale, intellectuelle ou professionnelle à d'autres hommes de sa propre race.

Il faut donc se résigner à l'afflux des Asiatiques, quitte à le modérer, ou même à l'interdire de temps en temps. Mais comment les empêcher de s'organiser, d'économiser, de s'emparer d'abord du petit commerce et de finir par avoir l'accès du grand commerce, des banques et de l'influence qui en résulte. La faiblesse ou l'inexistence apparente du gouvernement chinois permettait de fermer les yeux sur cet état de choses ou de n'en admettre les conséquences que dans un avenir lointain ; mais le jour où l'intransigeance et la brutalité des classes inférieures yankees se sont heurtées à la fermeté clairvoyante du Japon, l'illogisme et les dangers qu'il présente sont devenus manifestes.

Le droit des gens n'est-il pas le même pour toutes les races humaines? Pourquoi le Japon victorieux se serait-il abstenu de protéger ses nationaux en s'inclinant devant un arbitraire qui n'émane nullement du pouvoir central et souverain des États-Unis, mais des trusts et des boss, qui savent séduire la populace et trafiquer de ses suffrages?

Si l'émigration asiatique est incessante et tend même à augmenter, d'autres régions du globe présentent le même phénomène inverse. L'augmentation rapide de la population des États-Unis n'est pas autochtone. C'est aux commotions politiques de l'Europe, au service militaire obligatoire, aux crises de l'industrie, au poids toujours croissant des impôts qu'est dû l'exode continu d'une grande partie de la population valide des États européens qui ne se dirige guère du côté des colonies fondées par leurs métropoles. L'intensité de cette émigration varie sans cesse avec celles des causes qui la produisent. L'émigration annuelle allemande aux États-Unis en 1881 dépassait 210,000 âmes et 250,000 en 1882. En 1905, elle était tombée à 40,000, et en 1906, à 37,000. Les États scandinaves donnaient dans la même direction 81,000 émigrants en 1881, 105,000 en 1882, 60,000 en 1905, 53,000 en 1906[1].

D'autres pays présentent une progression inverse. En 1881, l'Italie ne fournissait à l'Amérique que 15,000 émigrants; en 1905, il y en a plus de 221,000, et, en 1906, 273,000. Beaucoup, il est vrai, ne sont que des émigrants temporaires. Il y a vingt-cinq ans, l'Austro-Hongrie en fournissait 28,000 aux États-Unis. En 1905, il y en a 275,000, dont 35,000 Allemands, 43,000 Hongrois, 15,000 Juifs et environ 140,000 Slaves. En 1881, de Russie, il n'y avait, dans la même direction, que 10,600 individus; en 1905, leur nombre dépasse 184,000, et, en 1906, 215,000, sur lesquels il y a 125,000 Juifs, tandis que l'émigration réellement russe ne comprend que 5,280 individus[2].

Le bon marché des transports et l'organisation des agences d'émigration facilitent, dans des proportions inconnues jusqu'à l'époque actuelle, l'exode de ces masses d'hommes qui quittent presque toujours leur pays natal sans songer à y revenir.

Mais comment se fait-il que, parmi ces millions d'hommes,

---

[1] *Novoe Vremia*, 19 avril 1907.
[2] *Ibidem.*

l'immense majorité se dirige vers des pays inconnus, au lieu de s'établir dans les territoires et les colonies que possèdent leurs métropoles dans les diverses régions du globe? Pourquoi les émigrants russes ne vont-ils pas peupler la Sibérie et les régions les plus fertiles de l'Asie centrale? Une grande partie de l'émigration italienne se dirige vers le littoral de l'Afrique du Nord, la Tunisie et l'Égypte; mais elle paraît encore être moins nombreuse que celle qui traverse l'Atlantique pour aller aux États-Unis, où l'élévation des salaires est probablement une cause d'attraction, comme pour les émigrants allemands et ceux de l'Autriche-Hongrie.

On explique parfois l'exode des populations concentrées dans les grands centres manufacturiers par les crises qui sévissent périodiquement sur les industries, avec leur cortège de grèves et de misères amenées soit par la surproduction, soit par l'influence des meneurs politiques ou des théories socialistes. Ces causes existent, mais ne sont pas les seules. En Chine et au Japon, c'est le surpeuplement de certaines régions qui paraît causer l'émigration vers les archipels ou les continents américain et asiatique. Pour la Russie, pays agricole par excellence, et où le nombre des ouvriers de fabrique, d'après des statistiques récentes, *ne dépasse pas 2 p. 100* de l'ensemble de la population[1], il faut assigner d'autres causes au malaise qui pousse une si grande quantité d'hommes appartenant surtout aux classes laborieuses à franchir l'océan Atlantique pour se procurer des moyens de subsistance. Il est vrai que le courant, une fois établi, continue plus facilement, comme jadis pour les Irlandais. Les premiers colons sont ceux qui ont le plus de difficultés à surmonter; s'ils réussissent, ils sont suivis par d'autres, que leur succès encourage, et l'émigration se poursuit tant que des causes différentes ne viennent pas l'interrompre ou la diminuer.

* *
*

On voit où nous voulons en venir; le continent américain, celui du Nord principalement, est assailli à l'Est par l'émigration

---

[1] M. M. FEDOROFF, *Recherches sur le nombre des ouvriers en Russie*. Cité par le *Slovo* du 19 février 1907.

d'Europe, à l'Ouest par celle d'Asie. Cet afflux de population, qui était autrefois pour l'Amérique une cause de prospérité et de force, devient une source de troubles et de difficultés. L'Asie, qu'on regardait il y a peu d'années encore comme promise à l'expansion européenne, non seulement se referme devant elle, comme elle l'avait déjà fait au XVIe siècle, mais elle prend une offensive, pacifique d'abord, en réclamant chez les peuples d'origine européenne le droit éventuel de cité et les privilèges égalitaires, communs à toute l'espèce humaine, d'après les idées mêmes sur lesquelles l'Europe prétend baser aujourd'hui son expansion. Les stipulations d'exterritorialité, grâce auxquelles les gouvernements européens garantissaient la sécurité de leurs nationaux en Chine, se retournent plus ou moins contre ceux-ci, en donnant au gouvernement de Pékin le pouvoir de n'admettre dans l'intérieur de son empire que ceux dont il juge la présence utile, par exemple dans son service des douanes ou pour la construction de ses voies ferrées. Et alors, même sur ce terrain, l'Européen trouve maintenant en face de lui l'ingénieur, le professeur, l'instructeur, le manufacturier japonais, auxquels il ne peut plus opposer de supériorité technique ou professionnelle, et qui possèdent en outre sur lui l'avantage de la communauté de mœurs, d'origine et de langage, chez des populations auxquelles ils offrent, comme lui, leurs services, sans compter le prestige et l'ascendant moral qui sont passés de l'Européen au Japonais.

***

Si l'Angleterre s'entend aujourd'hui avec la Chine pour supprimer le commerce de l'opium, après en avoir tiré pendant plus d'un siècle[1] des revenus énormes, ce commerce n'en a pas moins été pendant tout ce temps, et jusqu'à l'époque actuelle, la pierre

---

[1] C'est vers 1780 que la Compagnie anglaise des Indes commença ce trafic et établit un dépôt d'opium près de Macao. Ce commerce prit graduellement de l'extension et fut prohibé, sous des peines sévères, en 1880, par l'empereur Kiaking. Il fut toujours considéré comme un objet de contrebande, jusqu'à l'époque où les traités l'imposèrent à la Chine, notamment en 1858 et 1860. (Wells William, The Middle-Kingdom (II, p. 378); Chinese repository, vol. V, p. 516-553.)

angulaire du trafic anglais en Chine, ainsi qu'en font foi les
traités anglo-chinois de 1842, de 1860, et les conventions qui
les ont complétés ou interprétés à diverses reprises. Si d'autres
industries anglaises, la métallurgie, les tissus, le matériel de
chemins de fer, etc., ont pris peu à peu en Chine une place égale
et parfois plus importante, elles ne représentaient pas les facilités et la certitude de bénéfices du trafic de l'opium. Sur le
terrain de la métallurgie, comme pour mainte autre industrie,
l'Allemagne et les États-Unis luttent avec succès contre le commerce anglais, dont les bénéfices se raréfient de plus en plus.
Si l'Angleterre est parvenue à partager en partie, aux yeux de
l'Europe, le prestige des victoires japonaises, à prendre part aux
emprunts japonais, à profiter avec la plus grande habileté de
toutes les occasions qui se présentent d'affirmer sa solidarité
avec son allié, cette tactique demeure sans effet près des nations
asiatiques, pour lesquelles, dans la dernière guerre, il n'y a eu
qu'un seul vainqueur, le Japon. Pour elles, le triomphe du Japon
a été celui de l'Asie elle-même sur cette Europe qui depuis si
longtemps lui imposait ses traités et ses volontés. Personne,
mieux que les hommes d'État anglais, ne se rend vraisemblablement compte de cet état de choses, si gros de conséquences
imprévues, et qui explique leur hâte à tirer parti de leur entente
avec les pouvoirs publics actuels de la France.

Sous leur habile direction, la discipline morale du peuple
anglais fait les plus grands efforts pour subjuguer l'opinion française et lui suggérer de nouveau les manifestations enthousiastes
qui signalaient, il y a si peu de temps, l'entrée à Paris du président Krüger, de l'amiral Avelane, de l'empereur Nicolas II,
de Sisowath et du roi Édouard VII.

C'est ce qu'on avait déjà vu aux débuts de l'alliance franco-
russe[1]. L'entente entre deux nations semble s'établir parallèlement à celle des gouvernants et lui donner en apparence plus de
stabilité. Le concours de l'opinion des capitales, celui des classes
plus ou moins dirigeantes, paraissent offrir des garanties de
durée aux accords conclus par les hommes d'État. Pourtant les

[1] Chargé à Paris de recevoir l'amiral Avellane et ses marins, le signataire
de ces lignes a été, en 1893, témoin du délire de la population parisienne.

déceptions ne sont pas rares et souvent ne se font pas attendre. En est-il un exemple plus manifeste que le changement qui s'est produit presque à vue dans les relations du Japon avec les États-Unis. C'étaient les agents politiques de Washington qui avaient été chargés de protéger en Russie les intérêts japonais pendant la guerre. L'accord du grand Empire oriental et de la grande République était célébré avec enthousiasme. Dans ce langage éloquent, emphatique, imagé et sonore, qui semble procéder à la fois des prophètes bibliques et de Barnum, les hommes politiques yankées prédisaient aux relations politiques des deux pays un avenir d'amitié et de confiance réciproques sans cesse croissantes. Ces sympathies s'aff   aient publiquement dès le début de la guerre et avant les victoires japonaises,'. Leur sincérité était hors de doute. Un grand nombre des hommes politiques les plus éminents du Japon, tels que le baron Kentaro Kaneko, ancien ministre du commerce, avaient fait leur éducation aux États-Unis. La grande université d'Harvard s'honorait de les compter parmi ses membres. La nouvelle des victoires japonaises sur terre et sur mer augmentaient l'enthousiasme général. Les manifestations se prolongeaient encore après la signature du traité de Portsmouth, même après les déceptions profondes qui en résultaient pour le Japon.

A la fin d'octobre 1905, le chef du parti démocratique américain, M. Bryan, visitait le Japon. Il y était accueilli par le Beiyu-Kyokai (association des amis de l'Amérique) et par les membres de la grande université japonaise de Waseda, présidée par le comte Okouma, dont M. Bryan était l'hôte avec sa famille. Dans des réunions solennelles étaient échangés des discours empreints non seulement de la plus franche cordialité, mais exprimant l'espoir que « l'océan Pacifique serait désormais un trait-d'union entre les deux nations », que « l'*idéal* qui doit présider aux destinées des peuples comme à celles des individus » trouverait son expression dans leurs relations et dans l'aide mutuelle qu'elles étaient appelées à se donner réciproquement [2].

---

[1] Voir les publications américaines et les speeches délivrés par les notabilités américaines dans les meetings et banquets offerts aux représentants du Japon.
[2] Discours de M. Bryan dans un banquet du Beiyu-Kyokai au parc de

A Waseda, M. Bryan s'adressait aux étudiants japonais dans les mêmes termes, en prenant à témoin de ses paroles le comte Okouma. Dans une autre université japonaise, le Keio-Djidjikou, M. Bryan était accueilli par son recteur, M. Kamada, assisté de tous les membres de la faculté, en présence des étudiants assemblés. Dans une éloquente allocution, après avoir fait l'éloge de leurs maîtres, il définissait dans les termes suivants « la civili- « sation qui est le développement harmonieux de la race « humaine, physiquement, intellectuellement et moralement ». Il faisait des vœux pour la gloire et la grandeur du Japon, qui jamais, ajoutait-il, ne sera pour nous un sujet de crainte, etc. Il quittait ensuite l'Université au milieu des bansaï (hurrahs japonais) dont le signal était donné par les professeurs [1].

Ces manifestations, auxquelles prenait part dans de telles conditions un des hommes politiques les plus en vue de l'Union américaine, ne sont qu'un épisode parmi toutes celles qui se produisirent pendant la guerre, notamment lors de la bataille navale de Tsoushima. Comment le Japon pouvait-il supposer qu'à bref délai se produiraient, de la part des États-Unis, des agressions injustifiées contre ses marins sur les côtes de l'Asie septentrionale, et contre ses nationaux dans les grandes villes de l'Union américaine. Les phénomènes économiques qui se produisent actuellement chez la plupart des nations européennes, et notamment en France, donnent peut-être l'explication de ces faits, mais ne les excusent en aucune façon. Ce sont au premier chef des attentats contre le droit des gens, contre le *jus gentium*. Faute de bonnes raisons, la mauvaise foi peut seule les attribuer à des dangers imaginaires d'invasion, et à des projets qui n'existent pas. Après avoir émancipé les nègres du Sud et conféré les droits de citoyens à ces anciens esclaves des planteurs virginiens, comment, sous prétexte d'origine de race, oser frapper d'ostracisme une nation intelligente, fière et laborieuse, dont l'élite était depuis si longtemps accueillie avec tant d'égards et de prévenances par les classes supérieures du peuple américain ?

Shiba, Tokyo, auquel assistaient le vicomte Nogoaka, le baron et la baronne Kaneko, le docteur et Mᵐᵉ Hotoyama, MM. Ichiara, Otani, Hara Ogawa, Asahina Sugawara, et diverses notabilités américaines. (*Japan Times.*)
[1] Visite de M. Bryan au Keio-Djidjikou. (*Japan Times.*)

* *

Malgré ses réglementations sur les ambulances en temps de guerre, et sur d'autres questions analogues, importantes sans doute, mais qui pourraient se traiter sans elle, la conférence de La Haye, si l'on compare ses programmes avec les résultats, a plutôt été jusqu'à présent une déception, mais elle pourrait s'acquérir une gloire immortelle si elle osait aborder de front avec l'impartialité et la hauteur de vues qu'ils comportent, ces problèmes de relations des races humaines entre elles. Si d'ailleurs elle ne le faisait pas *motu proprio*, les événements pourraient l'y contraindre un peu plus tard. Il y a du reste d'autres nations encore que les États-Unis, chez lesquelles restent à expliquer des anomalies du même genre.

Écartant le souvenir importun du sort affreux des colons français de Saint-Domingue, qui est une des hontes de son histoire, la République française n'a-t-elle pas octroyé à ses nègres des Antilles ces droits de citoyen qu'elle refuse aux musulmans qui l'ont vaillamment servie sur le champ de bataille, et aux notables indigènes de l'Indo-Chine. Où donc est l'altruisme ? Ce qui rend la discussion de ces problèmes si difficile, c'est qu'aucune puissance européenne n'a, pas plus au nom de son passé qu'au nom de son présent, le droit de les évoquer sans s'attirer des répliques gênantes. Leur solution se dessine cependant, en attendant qu'elle s'impose. La preuve en est dans les questions d'exterritorialité légitimement résolues à son profit par le Japon, sur les traces duquel marche l'État siamois, en attendant que toute l'Asie orientale s'en mêle aussi.

* *

Que les nations européennes fassent trêve à leurs discordes pour regarder en face les dangers qui les menacent toutes, et par leur faute, ou qu'elles en viennent encore à des conflits qui précipiteraient leur commune décadence, ces phénomènes se déroulent désormais en dehors d'elles; l'avenir est sur les mers, et si la Méditerranée conserve son importance, elle est dépassée par celle des grands océans, surtout du Pacifique pour lequel le canal de Panama paraît avoir une importance égale, sinon supérieure, à celle du canal de Suez pour l'ancien monde.

Outre la question stratégique à laquelle les États-Unis paraissent attacher tant d'importance, il en est d'autres sur lesquelles les nations prévoyantes et soucieuses d'une expansion légitime semblent fixer la plus vigilante attention.

.

Le Japon est du nombre; il n'est pas étonnant qu'après ses déceptions sur la sincérité des sympathies yankees, il se tourne du côté des républiques de l'Amérique latine. Ces nations hispano-latines, de même que les Slaves, ne prétendent pas s'arroger sur les autres races humaines cette soi-disant supériorité que les événements du dernier siècle, et la chance dans leurs entreprises, ont donné aux Anglo-Saxons l'idée récente de s'attribuer. Le comte Okouma, qui faisait à M. Bryan l'accueil dont nous avons plus haut cité quelques traits, paraît préférer aujourd'hui pour ses compatriotes l'Amérique du Sud à celle du Nord. Si la paix du monde peut être préservée, le jour où l'Atlantique communiquera à Panama avec le Pacifique, un afflux sans précédent, un *rush* des marines marchandes paraît devoir s'y produire, et, parmi les nations maritimes, le Japon et l'Allemagne en premier lieu. Le développement rapide des grandes compagnies de navigation japonaises, la Nippon Yusen Kaïsha, l'Osaka Shosen Kaïsha, la Tokyo Ilisen Kaïsha et d'autres ne peut se comparer qu'à celui de la grande compagnie allemande, le Nord-Deutscher Lloyd qui célébrait, le 20 février 1907, le 50e anniversaire de sa fondation. Après des débuts longtemps modestes [1], cette puissante compagnie possède aujourd'hui cinquante-trois steamers à deux hélices. Trois des quatre grands vapeurs les plus rapides qui font la traversée de l'Atlantique lui appartiennent. Le plus petit déplace 14,350 tonnes, le plus grand, le

---

[1] Les détails qui suivent sont donnés par le *Novoe Vremia* du 15 mars 1907.

Kaiser-Wilhelm II, est un *Léviathan* de 20,000 tonnes avec des machines de 40,000 chevaux. La société Hambourg-America possède trente-et-un vapeurs, ce qui fait un total de quatre-vingt-quatre grands steamers pour ces deux compagnies, alors que la plus puissante des sociétés anglaises analogues, la White Star, n'en possède que vingt et un, et les Messageries Maritimes françaises douze seulement. Le tonnage des vapeurs français de tous nos armateurs est à peine égal à celui du Loyd seul. Ses services comprennent trente-quatre lignes, sur New-York, Baltimore, l'Asie orientale, l'Australie. Son personnel comprend 15,000 hommes, matelots exercés, mécaniciens, chauffeurs et officiers. Pour assurer le recrutement de ses cadres, le Loyd possède en toute propriété deux navires-écoles sur chacun desquels sont instruits cent élèves officiers marchands.

Le Lloyd avait fait construire ses premiers navires en Angleterre ; il possède aujourd'hui des ateliers, des docks et des warfs, tellement perfectionnés que les constructeurs anglais viennent s'y instruire.

Le côté commercial de l'entreprise n'est pas moins satisfaisant. Tandis que nos Messageries Maritimes ne donnent qu'un dividende de 3.8 p. 100, le Lloyd donne 15 p. 100 à ses actionnaires sur un capital de 145 millions de marks.

Quelles sont les causes essentielles de ce développement et de cette prospérité du commerce et de la marine allemands ?

C'est d'abord l'incontestable énergie de la nation, soutenue par une puissante discipline morale, et le concours d'un gouvernement stable, éclairé et patriote. Puis viennent ensuite le développement de l'industrie et du commerce d'exportation, et enfin l'appui de toutes les colonies allemandes essaimées dans le monde entier, en Amérique, en Australie, en Afrique, en Chine et au Japon. Elle n'y rencontre jusqu'à présent qu'un seul concurrent, l'Angleterre, qui suit ces progrès d'un regard inquiet et cherche à les enrayer par tous les moyens possibles, *per fas et nefas*. En paix comme en guerre, la lutte entre nations se poursuit sinon pour la vie, mais tout au moins pour la prépondérance et la domination des mers, aujourd'hui plus que jamais. Quand Napoléon Ier, dans son testament de Sainte-Hélène, disait que l'Angleterre « périrait comme la superbe Venise », il ne pouvait, avec tout son génie, prévoir avec quelle persévérante habileté ses vainqueurs sauraient détruire leurs rivaux les uns par les autres, à quel point les leçons du passé seraient pour ceux-ci non avenues, ni qu'après l'Europe ce serait l'Asie elle-même qui fournirait des défenseurs et des champions pour la grandeur britannique incapable de se suffire à elle-même.

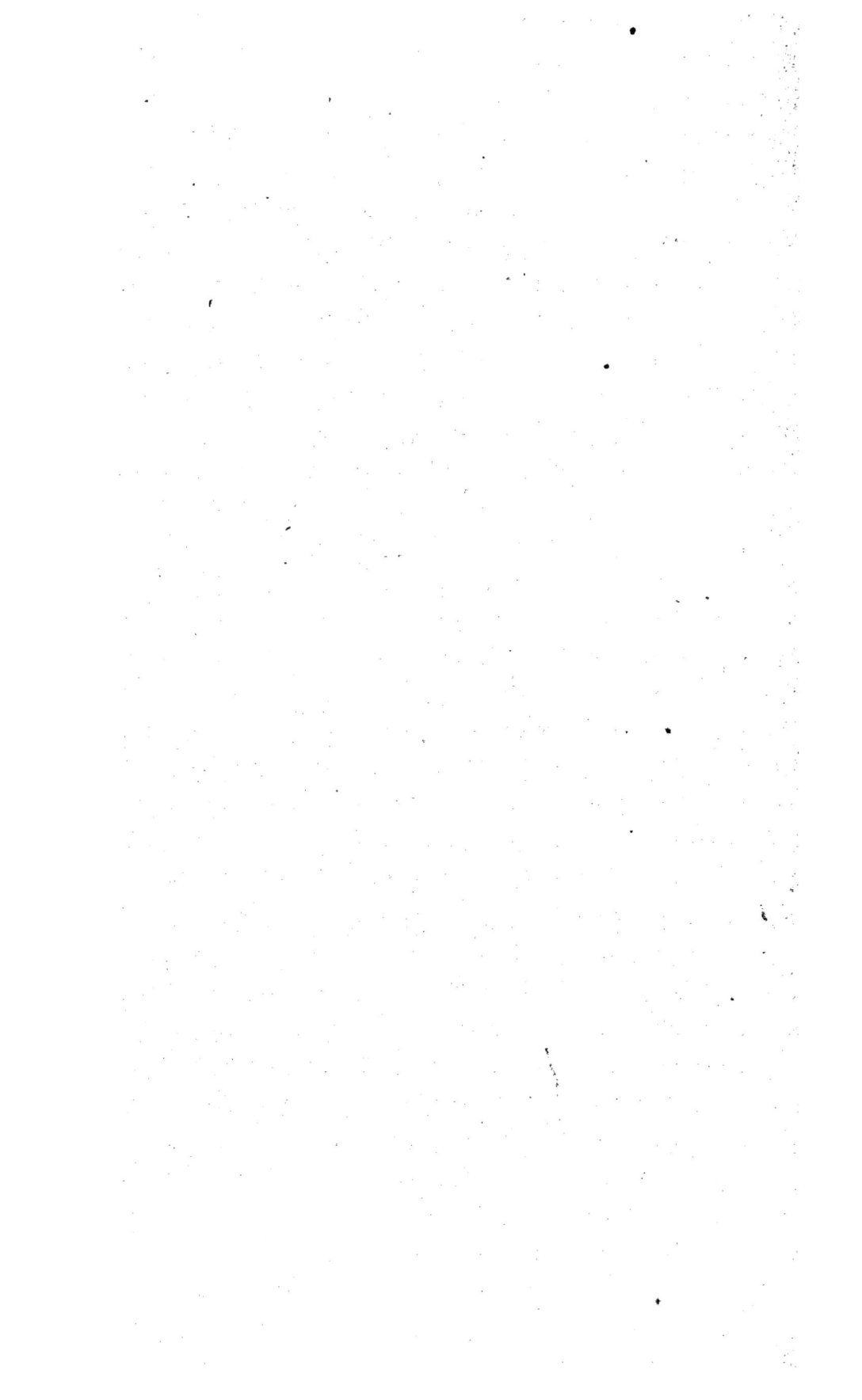

PARIS. — IMPRIMERIE R. CHAPELOT ET Cⁱᵉ, 2, RUE CHRISTINE.

246

www.ingramcontent.com/pod-product-compliance
Lightning Source LLC
LaVergne TN
LVHW050615090426

835512LV00008B/1497